Arranjo

MÉTODO PRÁTICO
incluindo revisão
dos elementos da música

IAN GUEST
1

Editado por Almir Chediak

Nº Cat.: AMPI1

Irmãos Vitale Editores Ltda.
vitale.com.br
Rua Raposo Tavares, 85 São Paulo SP
CEP: 04704-110 editora@vitale.com.br Tel.: 11 5081-9499

© Copyright 2009 by Irmãos Vitale Editores Ltda. - São Paulo - Rio de Janeiro - Brasil.
Todos os direitos autorais reservados para todos os países. *All rights reserved*.

CIP-BRASIL. CATALOGAÇÃO NA FONTE
SINDICATO NACIONAL DOS EDITORES DE LIVROS, RJ

G968a
v.1

Guest, Ian
   Arranjo, método prático : incluindo linguagem harmônica da música popular / Ian Guest ; editado por Almir Chediak. - São Paulo : Irmãos Vitale, 2009.
   160p.
   ISBN 978-85-7407-272-2

      1. Arranjo (Musica) - Instrução e estudo.
         I. Chediak, Almir, 1950-2003.
         II. Título.

09-6305.

CDD: 781.37
CDU: 781.083.82

09.12.09   16.12.09   016742

Arranjo

MÉTODO PRÁTICO

incluindo revisão
dos elementos da música

IAN GUEST
1

Editado por Almir Chediak

A deficiência em música, felizmente, não faz vítimas como na medicina ou no volante. Deitar a mão no instrumento impunemente e se arriscar é o começo de tudo... e a linha de chegada.

Aprender a falar – o maior desafio na infância – é combinar brincadeira e desejo de se comunicar. A música também nasce pela mesma motivação. Não se prenda nos limites da leitura. Ela é produto final e ameaça aposentar o ouvido.

Capa:
Bruno Liberati

Foto:
César Duarte

Projeto gráfico:
Felipe Taborda

Composição e diagramação:
Júlio César P. de Oliveira

Revisão geral:
Ricardo Gilly

Revisão de texto:
Nerval M. Gonçalves

Revisão musical:
Célia Vaz

Coordenação de produção:
Mônica Savini

Editado por:
Almir Chediak

Faixas 1 a 6 e 22 (estúdio Dubas)
  sintetizador: Ian Guest

  técnico de gravação e mixagem:
  Chico Neves

Faixas 7 a 21 e 23 a 77 (estúdio Fibra)
  piano: Cristóvão Bastos
  violão e guitarra: Ricardo Silveira
  contrabaixo: Adriano Giffoni
  bateria: Pascoal Meirelles
  flautas e saxofones: Carlos Malta
  trombone: Vittor Santos
  trompete e flugelhorn: Bidinho
  clarinete e clarone: Paulo Sérgio Santos
  oboé e corne-inglês: Luiz Carlos Justi
  fagote: Juliano Barbosa

  técnicos de gravação:
  Armando Telles e Ricardo Leão

  técnico de mixagem:
  Ricardo Leão

ROTEIRO

PREFÁCIO / DORI CAYMMI *11*

INTRODUÇÃO *12*

1ª PARTE - PRELIMINARES

A ELEMENTOS DA MÚSICA

1 Escala geral

- Clave *17*
- Oitavas, regiões, notas *18*

2 Sinais de alteração *21*

3 Tom e semitom *22*

4 Escalas

- Escala maior *23*
- Escala menor natural *24*
- Escala menor harmônica *25*
- Escala menor melódica *26*
- Modos naturais *26*

5 Intervalos *27*

6 Ciclo das quintas

- O ciclo *31*
- Relação entre as tonalidades *33*
- Os modos naturais e a armadura da clave *34*

7 Escala cromática

- Escala cromática maior *36*
- Escala cromática menor *36*

8 Acordes

- Definições *38*
- Tríades *38*
- Tétrades *40*
- Acordes de sexta *41*
- Inversão dos acordes *42*

9 Notação musical
- Comentário *46*
- Melodia *46*
- Ritmo *47*
- Sinais de repetição *52*

B INSTRUMENTOS

1 **Classificação pela emissão** *54*

2 **Quadro de extensão e transposição** *56*

3 **Os instrumentos mais usados, extensão e transposição** *61*

C FORMA

1 **Forma da música**
- Forma simples *66*
- Forma "lied" *66*
- "Lied" com introdução *68*
- Forma "rondó" *69*
- Forma livre *69*

2 **Forma do arranjo** *69*

3 **Vocabulário de música anotada** *70*

2ª PARTE - BASE, MAIS UMA E DUAS MELODIAS

A SEÇÃO RÍTMICO-HARMÔNICA (BASE)

1 **A base** *73*

2 **Contrabaixo** *73*

3 **Guitarra e teclados**
- Uso melódico *78*
- Uso harmônico *79*
- Algumas observações sobre notação e cifragem *80*

4 **Bateria e percussão**
- Bateria *82*
- Instrumentos de percussão *87*

B MELODIA

- Ativação rítmica da melodia *90*
- Pulsação sincopada brasileira *90*
- Pulsação sincopada centro-americana *93*
- Pulsação swingada *94*
- Pulsação funkeada *96*

C MELODIA A DOIS

1 Contracanto

- Linha do baixo *99*
- Linha intermediária *100*
- Contracanto passivo *101*

2 Análise melódica

- Simbologia *101*
- A função melódica *103*
- Série harmônica *104*
- A relação melodia-harmonia *107*

3 Exemplos e exercícios de contracanto e análise melódica

- Contracanto passivo *110*
- Contracanto ativo *114*

4 Melodia em bloco a dois

- Melodia em bloco *116*
- Em bloco a dois *116*
- Ao compor a segunda voz *116*
- Pontos harmônicos e pontos de linha *116*
- Movimento relativo das vozes *117*
- Paralelismo *119*
- A mistura do paralelismo com os movimentos contrário e oblíquo *122*
- Exemplos *123*

D PLANEJAMENTO E ELABORAÇÃO DO ARRANJO

1 Planejamento

- Propósito *125*
- Recursos *125*
- Características *126*

2 Elaboração *126*

3 **Arranjo elaborado** *128*

4 **Comentários**
   - Alguns conselhos práticos à elaboração gráfica *132*
   - Observe, durante a elaboração do arranjo *133*

APÊNDICE

- Resolução dos exercícios *137*
- Bibliografia *154*
- Agradecimentos *154*

Exemplos gravados

Este livro vem acompanhado por uma gravação, disponível no link abaixo. Nele, quase todos os exemplos e exercícios que possam ser considerados arranjos ou trechos de arranjo foram gravados pelos instrumentos indicados nas respectivas partituras. As faixas são numeradas de 1 a 77 e indicadas com o símbolo faixa nº . A numeração é contínua, através dos três volumes.

PREFÁCIO

Los Angeles, 1992.

Caro Ian:

Poucas vezes tivemos ocasião de trocar idéias musicais. A vida nos levou para caminhos diferentes. Precisamos *concertar* isso um dia.

Seu trabalho é uma beleza. Incentiva demais o jovem músico, especialmente por abordar a música popular. Me faz pensar em como teria sido mais fácil minha iniciação se eu tivesse seu livro.

Quem quer ser arranjador? Os sonhadores. E foi o mais lindo dos sonhadores, Luizinho Eça, quem me deu o primeiro empurrão. Chegou até a me empregar como copista. Foi ele quem uniu a música popular às orquestras sinfônicas, melhorando o padrão das gravações. Deodato foi outro professor maravilhoso. Meu mestre nas horas vagas. Dicas maravilhosas. Radamés, Gaya, Carlos Monteiro de Souza, Arruda Paes, Leo Peracchi, homens brilhantes na sua desconhecida arte, foram de ajuda inestimável. Com essa ajuda e a confiança em mim depositada por Edu Lobo, Nara Leão, Marcos Valle, Caetano, Gal e Gilberto Gil, entrei no estúdio. Dois canais, orquestra ao vivo, Célio Martins (velho amigo e grande técnico) e um medo louco. Os mais velhos, Carlinhos Monteiro e Gaya, sempre por perto para tirar as dúvidas. Que loucura. Assim eu aprendi o nosso ofício, o mais lindo dos ofícios.

Agora você torna muito mais viável o aprendizado dessa arte com seu "método". Os nossos velhos amigos arranjadores e os deuses estão sorrindo.

Um abraço,

Dori Caymmi

INTRODUÇÃO

No mundo em que vivemos predomina o pensamento lógico e, em busca do conhecimento, esperamos aprender através de definições claras e deduções exatas que proporcionam o alívio de "entender". A lucidez e objetividade do ensino conduz o estudante, sem perda de tempo, a alcançar a sua eficiência profissional e integração na sociedade.

O exercício da liberdade e da criatividade, entretanto, é deixado de lado e, curiosamente, suspeita-se de que já nos tempos remotos de Platão o povo tendia a ceder a liberdade para desfrutar da segurança à sombra de seus líderes ou ídolos espirituais. No decorrer de séculos e milênios, a padronização e massificação, produzidas pela superpopulação e coroadas pelo consumismo, desenvolvem o "homem medíocre", aquele que se sente "alguém na multidão", arrastado pelos rótulos e etiquetas da imagem que ele próprio encarna em seu meio social.

A liberdade, porém, não morre e é cultivada até os nossos dias, embora com obstáculos crescentes. Quem saboreia a liberdade tem acesso direto às profundezas de seu próprio ser, onde encontra o universo que se confunde com o universo de todos. Nasce o artista, o criador: a sua arte é um veículo de comunicação entre os dois universos.

Diante disso, é evidente que o "ensino" das artes tem o compromisso de, além de demonstrar as suas estruturas, revelar o acesso à liberdade. O papel das fórmulas e regras, e do pensamento lógico, é bastante reduzido, quando comparado à invenção, improvisação e outros exercícios da liberdade. Sendo a música uma linguagem desenvolvida, lapidada e cristalizada com o crescimento da própria humanidade, é ideal que o estudante tenha acesso a ela, brinque com ela desde a mais tenra idade, antes de se preocupar com a sua teoria e notação. É também o que acontece com a linguagem falada: aprende-se a dizer as palavras, combinando-as livremente para formar idéias. Em seguida, aprende-se a leitura e a escrita e, simultaneamente, as características da linguagem. Na música, "aprender a falar" é cantar e tocar instrumentos, combinando livremente os sons por imitação ou por invenção. Em seguida, é chegada a hora de descobrir o que se está fazendo em termos de nomes, estruturas e notação, lançando-se ao aprendizado mais sofisticado, mas o espírito de invenção e de "brincadeira" continua companheiro inseparável, uma vez já conquistada a liberdade e criatividade na primeira infância. Acostumados que estamos com uma conversação descontraída, mas não com a música improvisada, imaginemos agora um indivíduo muito estranho, mas não raro, que saiba desenvolver uma boa conversação inteiramente improvisada, mas para tocar o seu instrumento musical necessite de um papel pautado à sua frente. Parece um vício estranho, não?

Esses pensamentos me vêm à cabeça ao apresentar este livro com uma didática descontraída e prática. Através de um mínimo de textos, regras e expressões e um número razoável de exemplos e exercícios, tenho o objetivo de oferecer uma informação abrangente e sugerir uma prática ao leitor, mesmo que ele não tenha percorrido os caminhos e labirintos tradicionais da formação musical, mas possua um relativo domínio de seu instrumento e alguma intimidade com a notação musical. Para reforçar esses pré-requisitos, a primeira metade deste primeiro volume encerra uma revisão concentrada dos elementos da música e o treino correspondente para enfrentar o resto do trabalho.

Sendo o arranjo essencialmente um processo criativo, com todas as características da própria composição musical, o espírito criativo é indispensável ao executar a maioria dos exercícios (a chave, no final do livro, só dá a realização dos exercícios técnicos, aqueles que dispensam a criatividade, por terem uma única resposta possível). O estudante aproveitará o curso proposto em proporção ao nível de arrojo e desembaraço que já possui em seu instrumento, pois a criatividade é estimulada pelo domínio instrumental. Encontram-se, num arranjo bem-feito, as características "ensinadas" num curso, mas isso não quer dizer que a aplicação, por si, desses conhecimentos, resulte num arranjo bem-feito. O arranjo bem-feito não é "correto", mas "bonito". Ele soa tão natural e espontâneo como se fosse improvisado na hora, não obstante o seu preparo extremamente refletido e detalhado e a quantidade de músicos que nele participam. O seu autor "mexe" em todos os componentes da música proposta, inclusive em sua métrica e harmonia, antes de acrescentar-lhe elementos novos e sofisticados. Isso requer imaginação criativa e linguagens desenvolvidas pela experiência, além de saber anotá-la.

Com o objetivo de um bom aproveitamento, a linha didática deste livro visa a dois princípios básicos: **a.** organização dos assuntos em ordem crescente de complexidade, permitindo uma assimilação direta e gradativa; e **b.** a seleção rigorosa de aspectos úteis e práticos no processo de arranjar.

A falta deste último critério em inúmeras obras didáticas resulta no acúmulo de informações, como uma enciclopédia, pela preocupação do autor em explorar o assunto proposto ao máximo. Não saber destacar o importante no meio de infinitos aspectos estruturais ou não resistir à tentação de publicar uma obra "com todas as respostas" conduz o leitor à confusão e à conclusão precoce de não estar, ainda, no nível desejado para os estudos propostos. Em vez disso, o professor devia desafiar o estudante, provando-lhe, passo a passo, a simplicidade do assunto que lhe parecia por demais complexo antes de conhecê-lo. As deduções e regras aqui apresentadas, portanto, não devem ser tomadas muito ao pé da letra, nem mesmo "levadas a sério". São simples observações práticas, sem o compromisso com o raciocínio e a perfeição. A ênfase está na verificação através de exemplos conhecidos e na realização, de bom gosto, dos exercícios.

A colocação dos conhecimentos em ordem crescente de complexidade e a seleção de aspectos relevantes fizeram do presente trabalho um verdadeiro quebra-cabeça, onde a grande incógnita não eram os recursos e definições, mas seu enxugamento, exemplificação e organização em ordem progressiva. Por isso, é muito mais o resultado da experiência de ensino do que de consultas bibliográficas.

Ao colocar o aprendido em prática, os teclados de som sintetizado podem ser de grande utilidade para quem não dispõe de grupos instrumentais. Os sintetizadores reproduzem virtualmente todos os timbres sonoros conhecidos e desconhecidos em todo o espectro da audição humana. As referências instrumentais, no livro, podem ser transformadas, sem limitação, em sons sintetizados. Por esta razão, o estudo da instrumentação hoje extrapola o uso instrumental e é aplicado, igualmente, ao som sintético, sendo ampliado ainda por novos recursos. O presente estudo de arranjo é também destinado a esse uso, embora não se detenha no estudo dos sintetizadores.

Saber perceber os exemplos e reconhecer as situações apresentadas no livro, associando-as com trechos de músicas conhecidas, deve ser o primeiro objetivo do leitor. Daí faltará pouco para desenvolver os recursos próprios na criação de seus arranjos. Estamos lidando com sons e não regras. Brincar com os sons, sem maiores compromissos e autocobranças, poderá proporcionar ao estudante a alegria incomparável da descoberta e da criação. A disciplina acadêmica não deve inibir a sensibilidade, manancial criador. As duas andam de braços dados quando o estudo não é um meio, mas a própria criação posta em prática.

IAN GUEST

Húngaro radicado no Brasil desde 1957

Bacharel em Composição pela UFRJ e Berklee College of Music, Boston

Área de produção:

Compositor - diretor - arranjador em discos, teatro, cinema e publicidade

Área de educação:

Diretor-fundador do CIGAM (Centro Ian Guest de Aperfeiçoamento Musical) no Rio de Janeiro

Precursor da didática aplicada à música popular e introdutor do Método Kodály de musicalização no Brasil

Professor convidado em cursos intensivos e festivais

Revisor de edições musicais

1ª PARTE
PRELIMINARES

A ◆ ELEMENTOS DA MÚSICA

1 Escala geral

- Clave

Determina a localização das notas na pauta. As claves em uso atualmente são as seguintes:

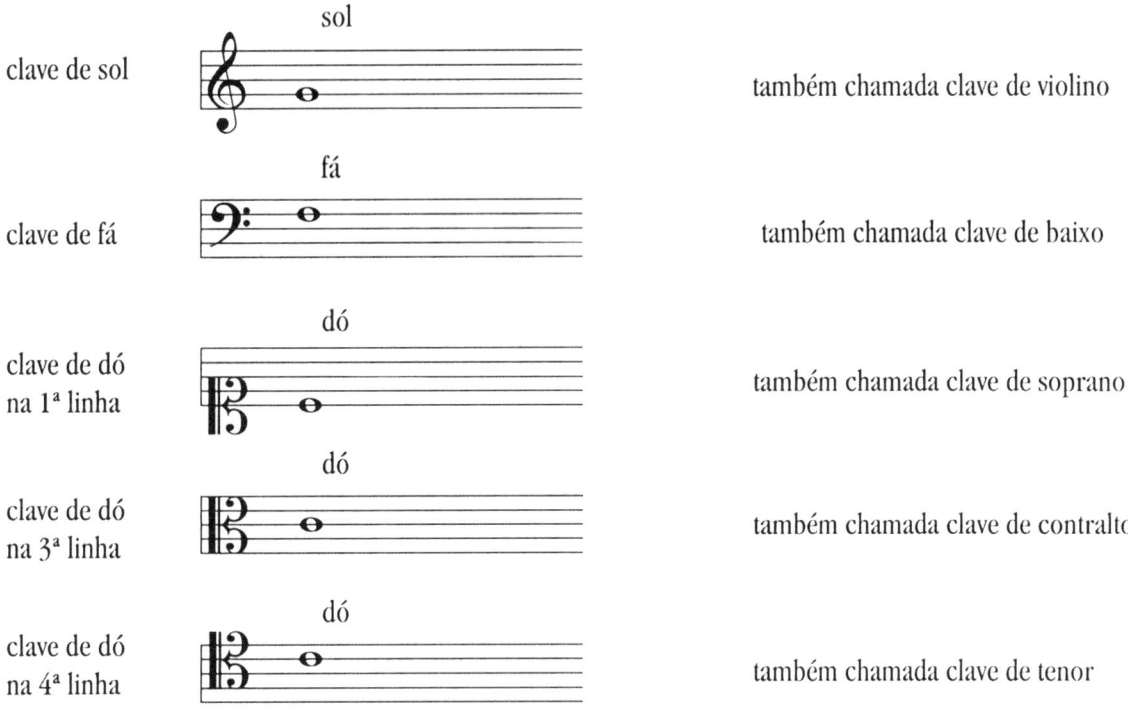

clave de sol — também chamada clave de violino

clave de fá — também chamada clave de baixo

clave de dó na 1ª linha — também chamada clave de soprano

clave de dó na 3ª linha — também chamada clave de contralto

clave de dó na 4ª linha — também chamada clave de tenor

As claves permitem a representação, numa pauta de apenas 5 linhas (ou pentagrama), de todas as notas em uso: umas 7-8 oitavas ou 85-97 notas. A nota *dó central* (**dó** no meio do piano) pode ser representada por todas elas:

mesma nota

Cada clave abrange uma região, para eliminar ou diminuir o uso de linhas suplementares inferiores e superiores:

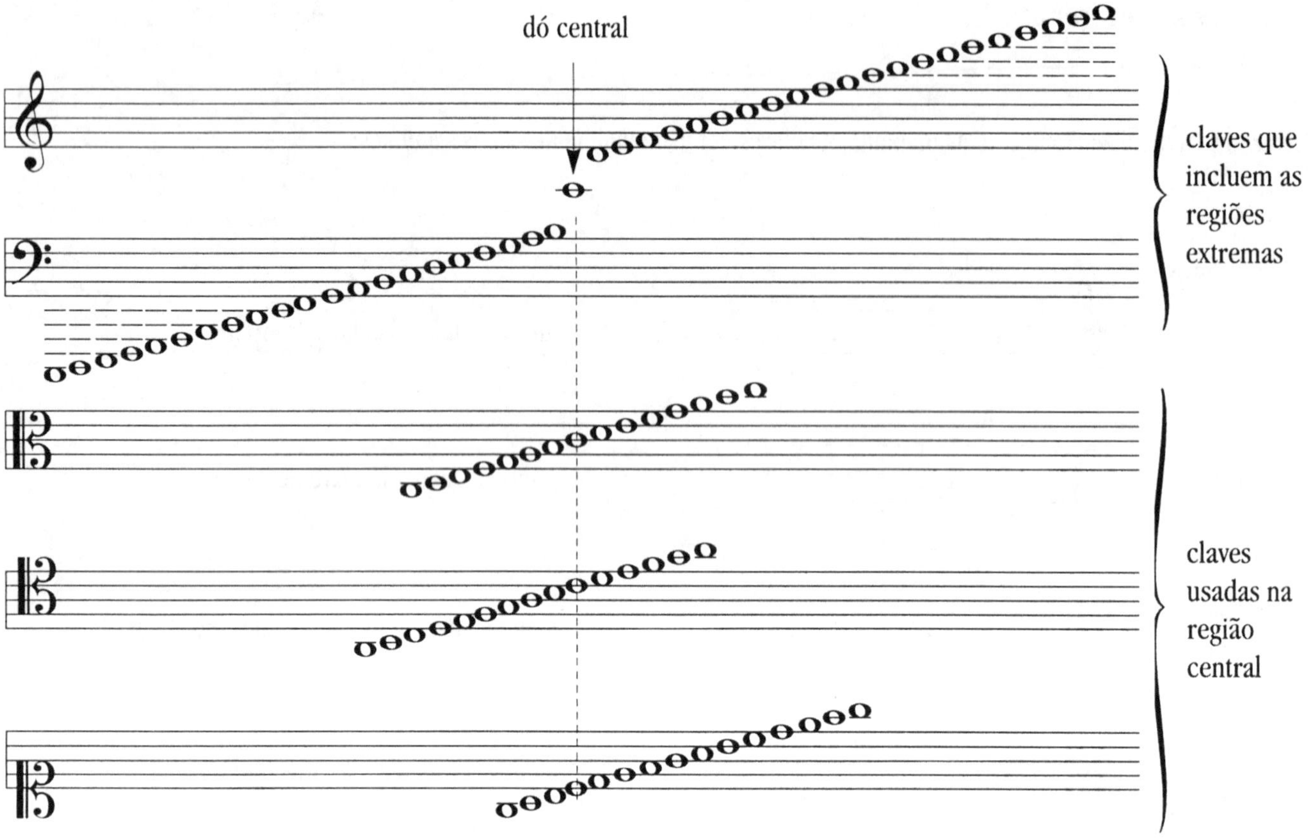

claves que incluem as regiões extremas

claves usadas na região central

- Oitavas, regiões, notas

Nas claves 𝄞 e 𝄢 se encontram todas as notas da gama musical, e são as de uso comum pelo arranjador e pela maioria dos instrumentos. As oitavas são numeradas para fácil localização de todas as notas:

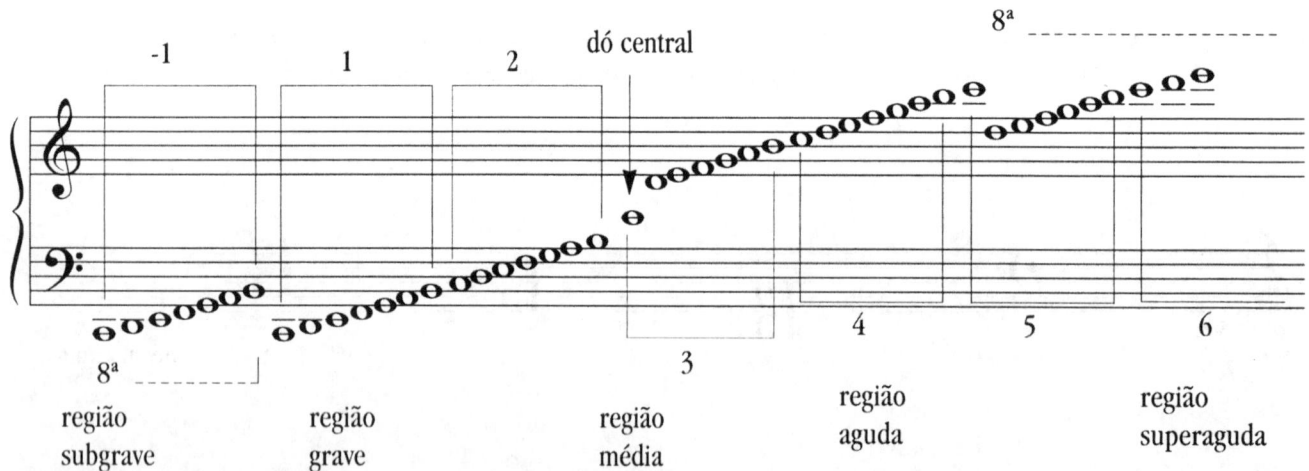

A escala que compreende todas as notas em uso chama-se *escala geral* e é dividida em regiões média, aguda, grave, superaguda e subgrave, conforme visto no quadro acima.

O teclado do piano é a própria síntese de um verdadeiro painel do sistema das notas musicais divididas em oitavas, que, por sua vez, são divididas em notas naturais e alteradas – sistema que se reflete, evidentemente, na notação. Todo músico deve aprender a visualizar o teclado, pois ele o ajudará a calcular, instantaneamente, as notas que formam os intervalos, as escalas e os acordes:

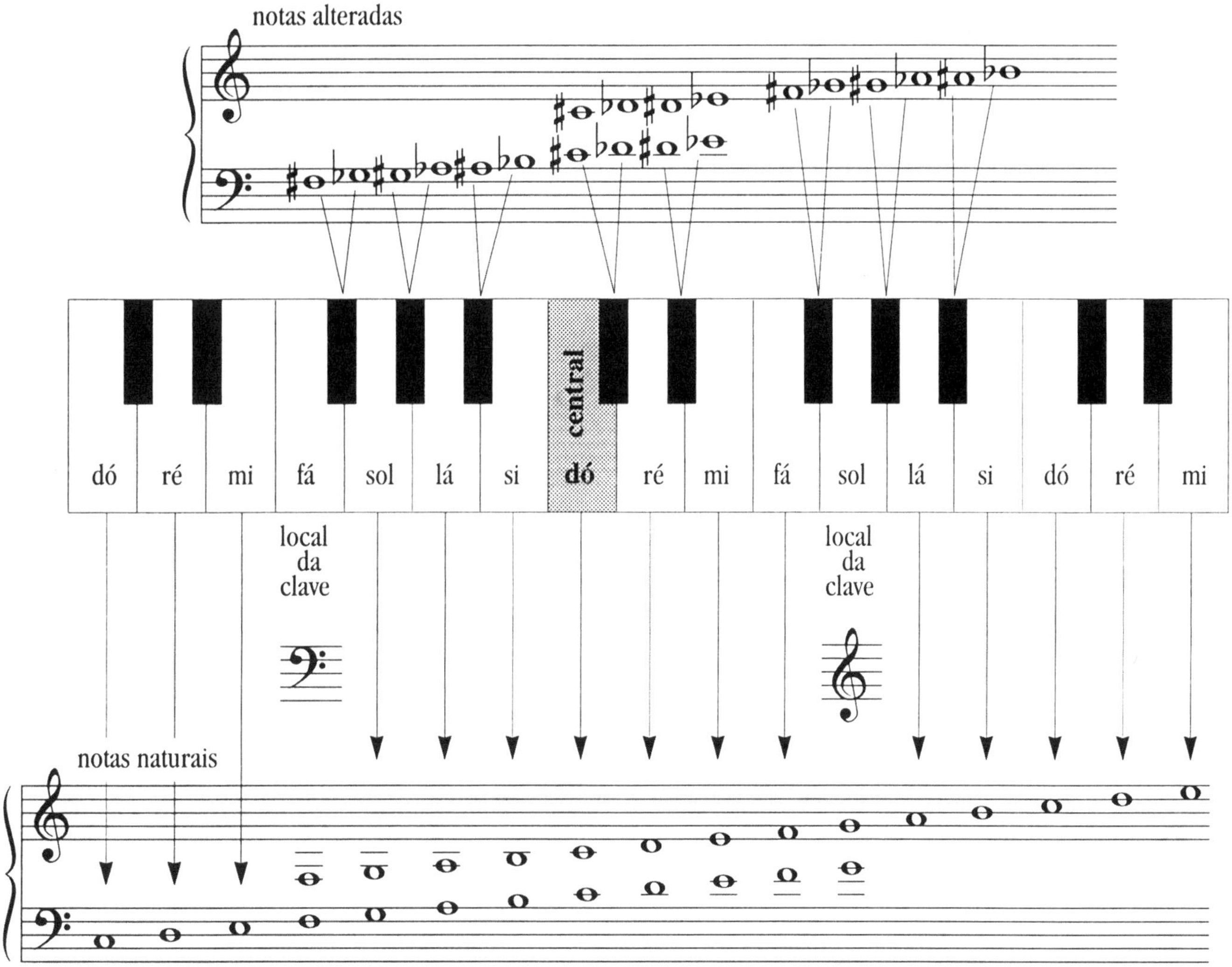

Exercício 1 Escreva o nome por cima de cada nota e o número da oitava em que se encontra:

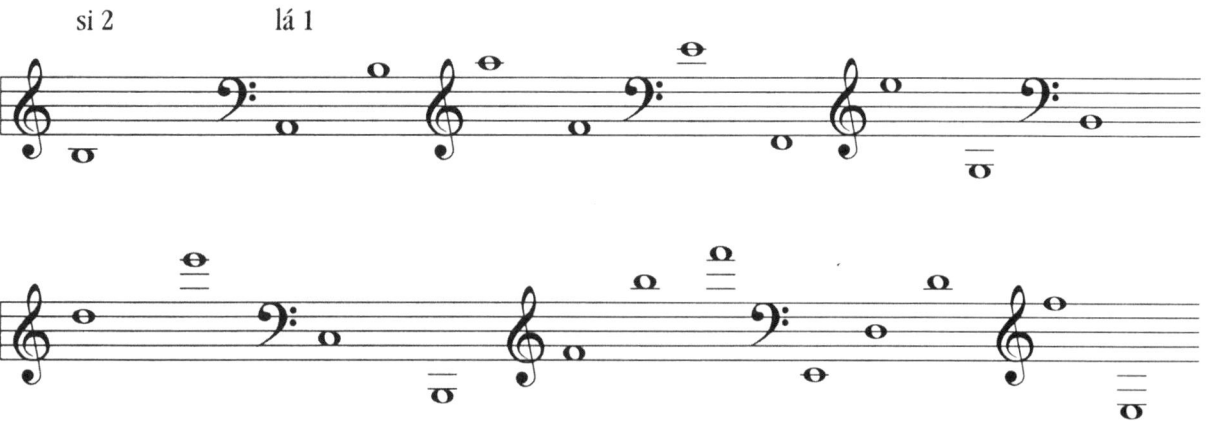

Exercício 2 Transcreva as notas das linhas completas para as linhas vazias, guardando as distâncias em oitavas e também a clave, conforme a 1ª nota das linhas vazias:

a.
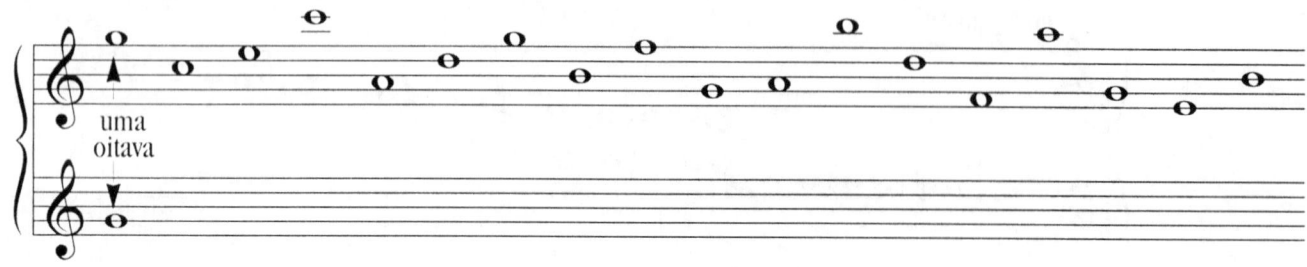

b.

c.
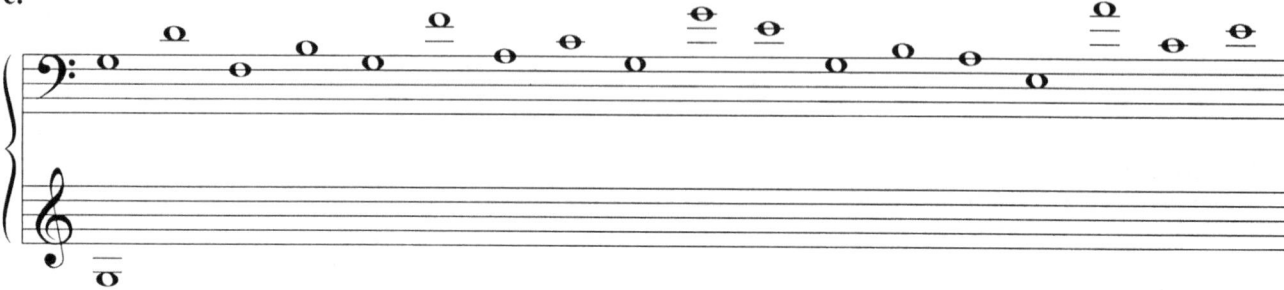

d.
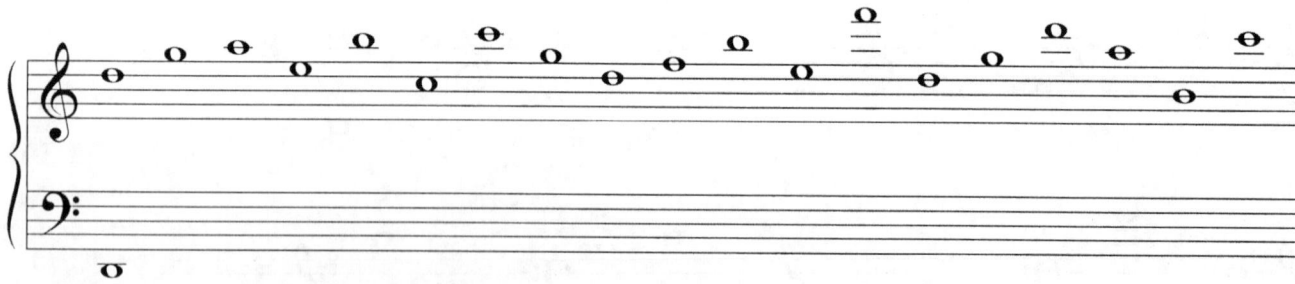

Aproveitando a escala geral, vejamos onde se situam nela os instrumentos mais usados, com suas extensões:

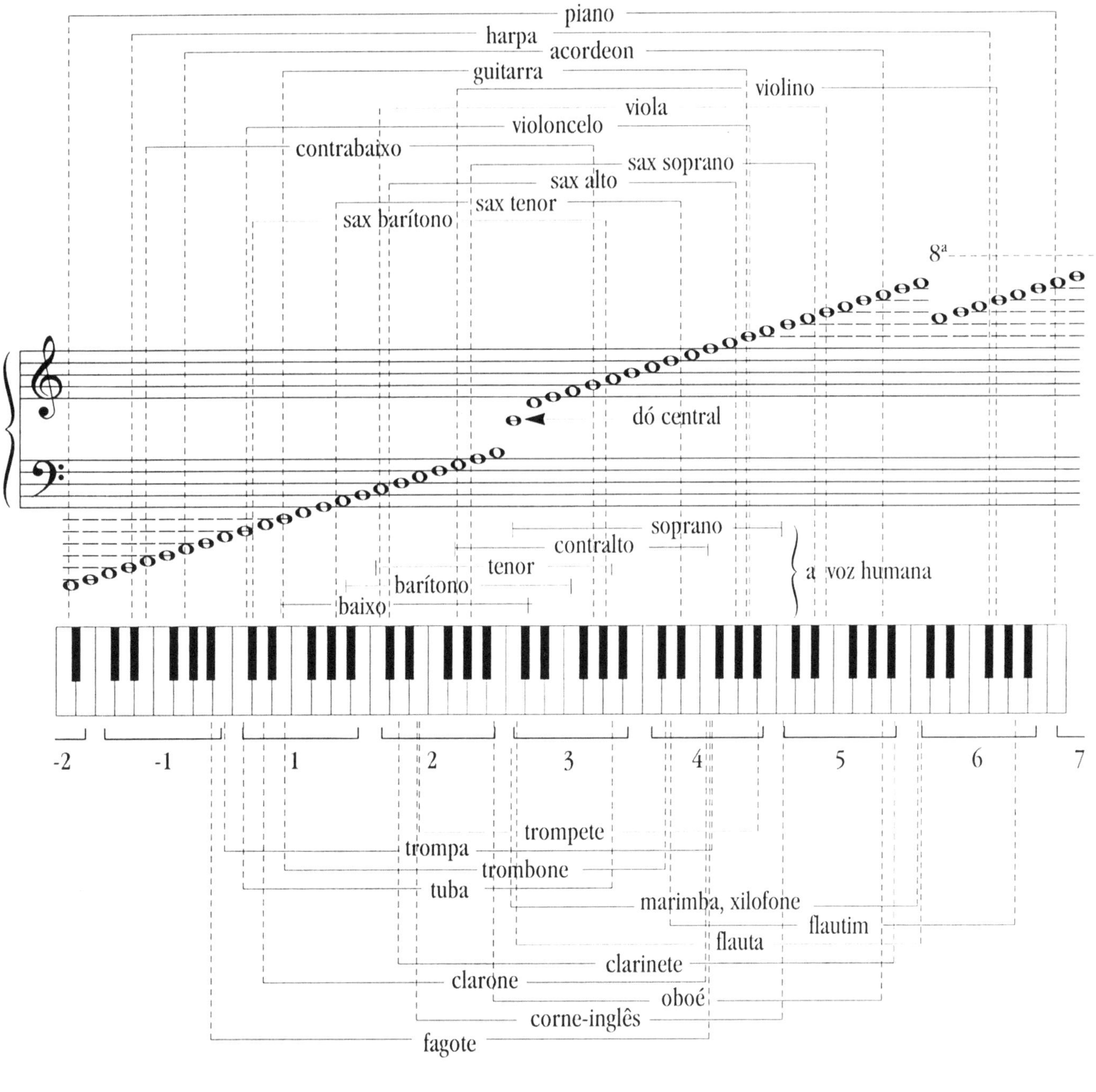

2 | Sinais de alteração

Sustenido: eleva a nota natural à próxima nota:

sol   sol sustenido

Bemol: abaixa a nota natural à próxima nota:

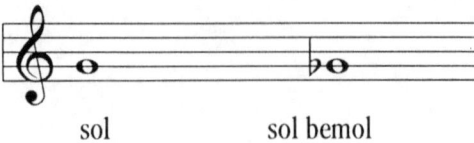
sol   sol bemol

Bequadro: anula o efeito do ♯ ou ♭:

sol sustenido   sol bequadro   lá bemol   lá bequadro

Dobrado sustenido: eleva a nota ♯ à próxima nota:

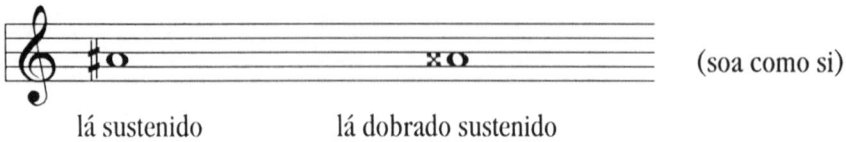
lá sustenido   lá dobrado sustenido   (soa como si)

Dobrado bemol: abaixa a nota ♭ à próxima nota:

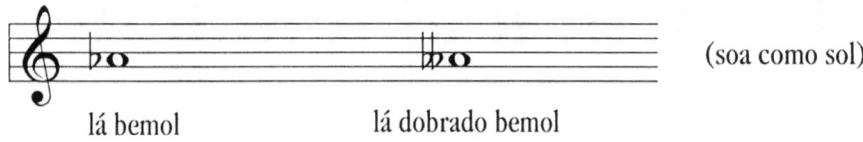
lá bemol   lá dobrado bemol   (soa como sol)

Observações: **1.** O bequadro também anula o efeito dos dobrados sustenido ou bemol

2. Se uma nota com dobrado sustenido ou dobrado bemol vem seguida pela mesma nota com sustenido ou bemol, respectivamente, dispensar o uso do bequadro:

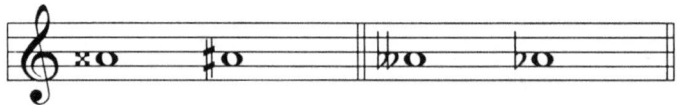

3 | Tom e semitom

Semitom ou *meio-tom* é a distância entre duas notas vizinhas:

Tom ou *tom inteiro* é a distância entre duas notas separadas por uma única nota:

Exercício 3 Assinale se as distâncias são de tom ou semitom:

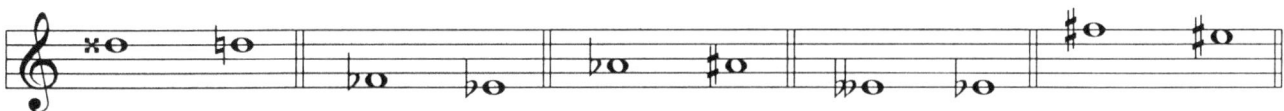

Exercício 4 Escreva as distâncias ascendentes ou descendentes pedidas:

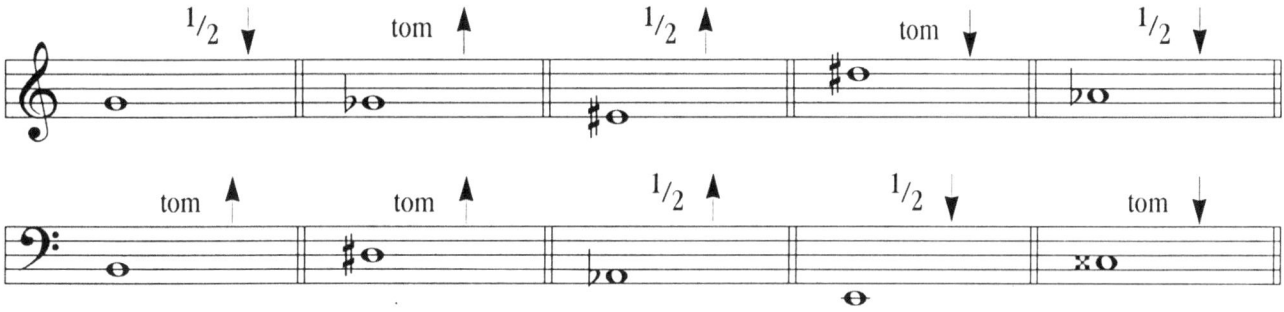

Observação: não confundir tom e semitom (meras distâncias entre notas) com intervalos (ver mais adiante).

4 Escalas

- Escala maior

Quando começa em **dó**, é feita somente de notas naturais (os sete graus são indicados por cima):

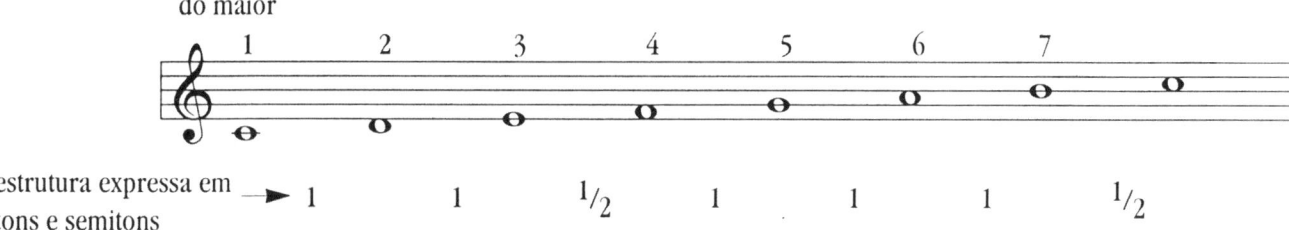

A estrutura acima será constante em qualquer escala maior e, para conservá-la, usaremos sinais de alteração:

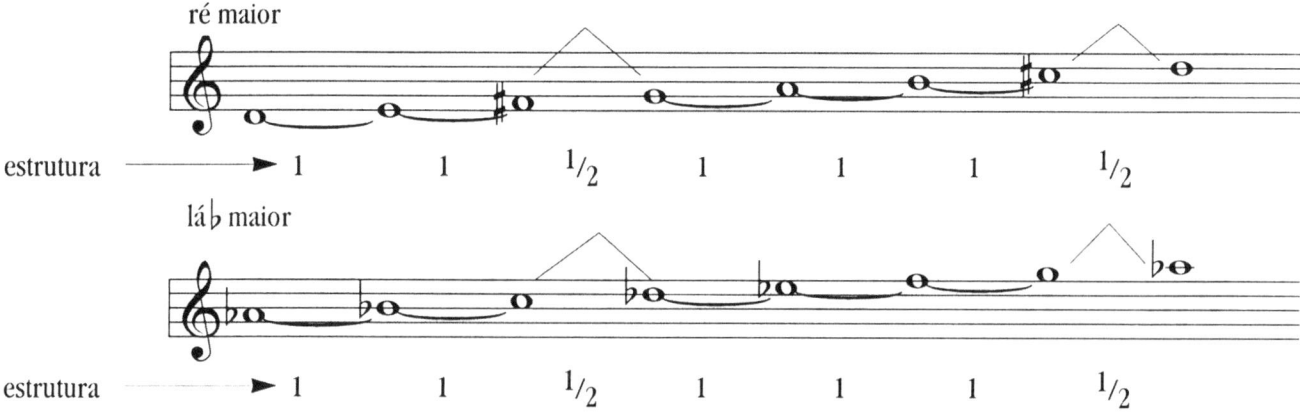

A 1ª nota da escala maior ou menor se chama *tônica*. A 7ª nota é a *sensível*, quando ela estiver distanciada por $1/2$ tom da 8ª nota (tônica).

Exercício 5 Escreva as escalas maiores de **lá** e **mi**♭ em 𝄞 e **si** e **ré**♭ em 𝄢

Exercício 6 Escreva a escala maior cujas notas e graus são indicados:

■ Escala menor natural

Quando começa no 6º grau de **dó** maior, é feita somente de notas naturais:

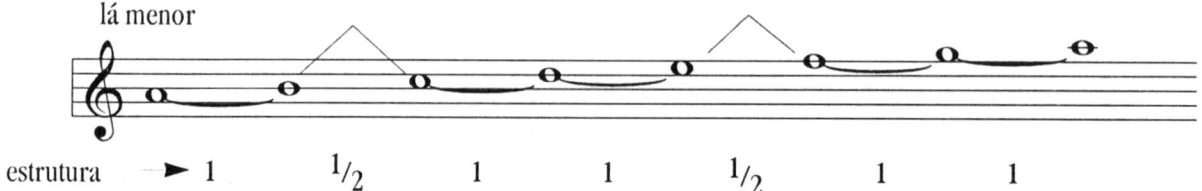

e, para conservar a mesma estrutura, comecemos em diferentes notas e apliquemos acidentes:

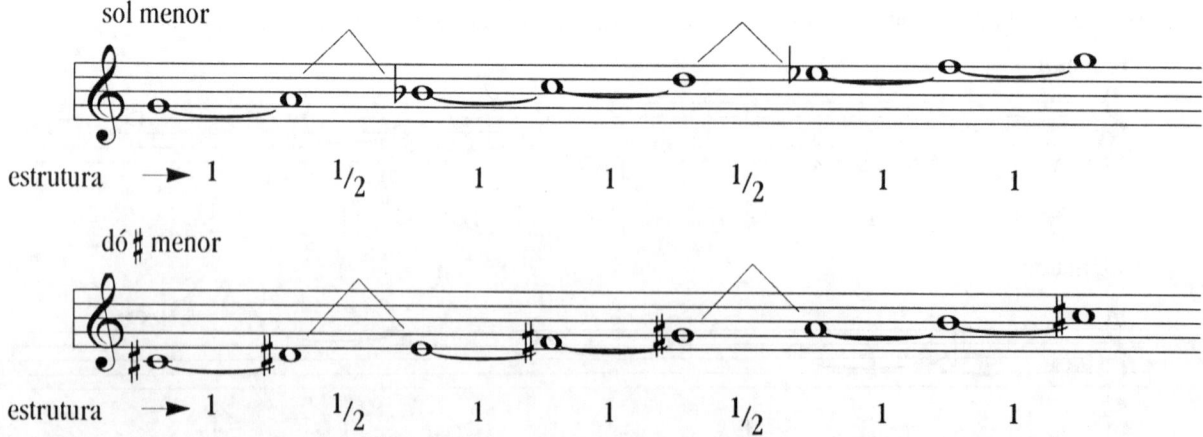

Exercício 7 Escreva as escalas menores de **sol♯** e **fá** em 𝄞 e **si** e **dó** em 𝄢:

Exercício 8 Escreva a escala menor cujas notas e graus são indicados:

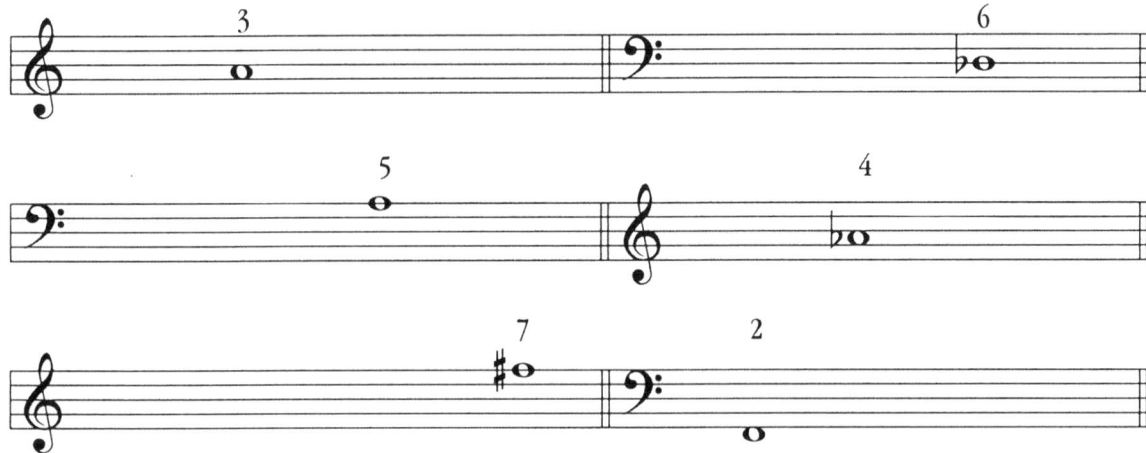

Observação: a escala menor acima estudada é do tipo *natural*. Não é necessário decorar sua estrutura, basta associá-la com o seu relativo maior (a ser estudado mais adiante): ela tem as mesmas sete notas que a escala maior, que começa em seu 3º grau:

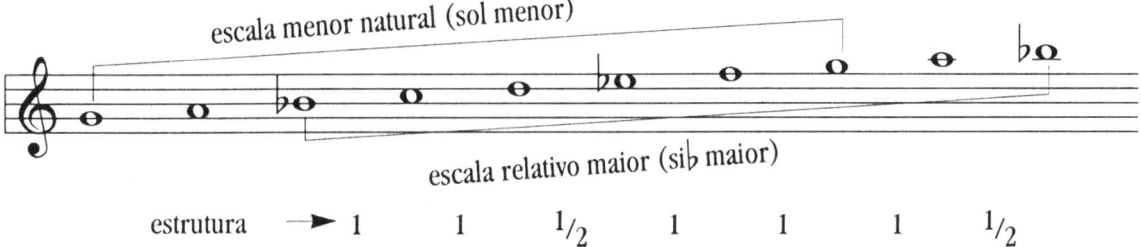

Tem-se que saber, entretanto, que o 3º grau da escala menor fica 1 tom e meio acima do 1º grau (no exemplo, **si♭** do **sol**).

- Escala menor harmônica

Tem o 7º grau alterado ascendentemente em relação à escala menor natural.

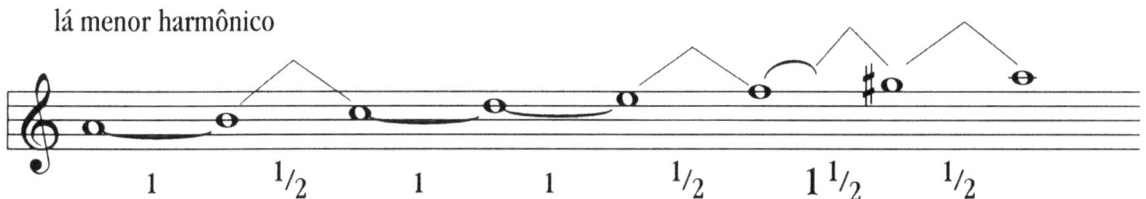

- **Escala menor melódica**

Ascendente, tem o 6º e o 7º graus alterados ascendentemente em relação à escala menor natural e desce sem essas alterações:

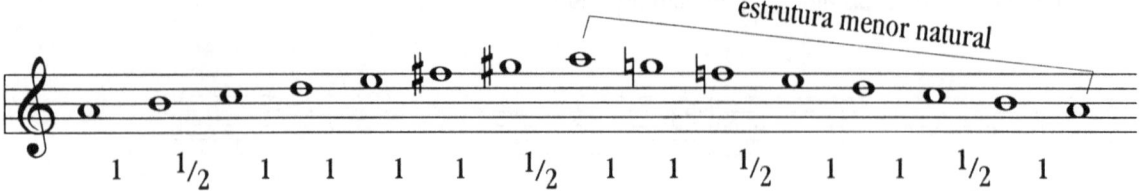

Exercício 9 Escreva as escalas indicadas, dados uma de suas notas e o respectivo grau:

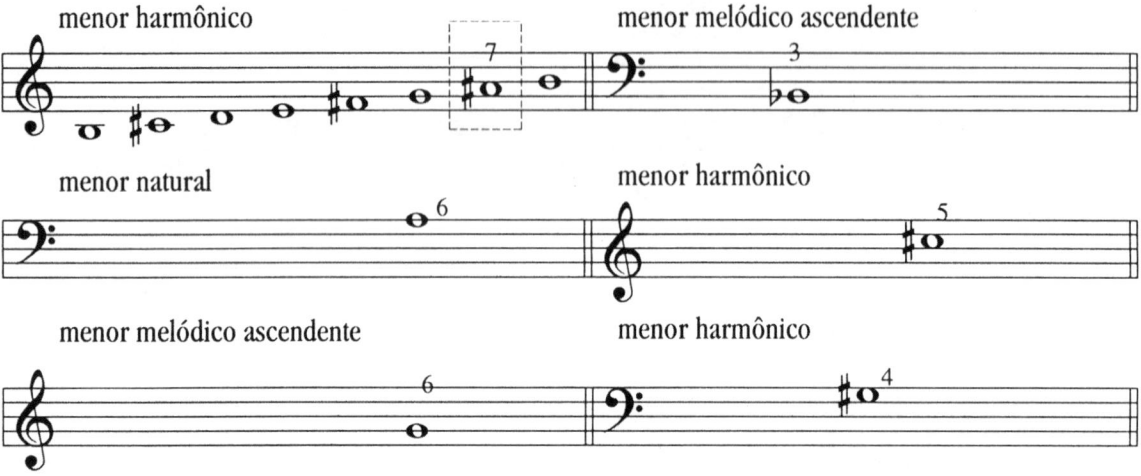

- **Modos naturais**

Usando sempre as notas naturais (teclas brancas no piano), encontraremos escalas de diferentes estruturas, chamadas modos naturais. Eles são a base da música modal e da compreensão das escalas de acordes, estudadas mais adiante.

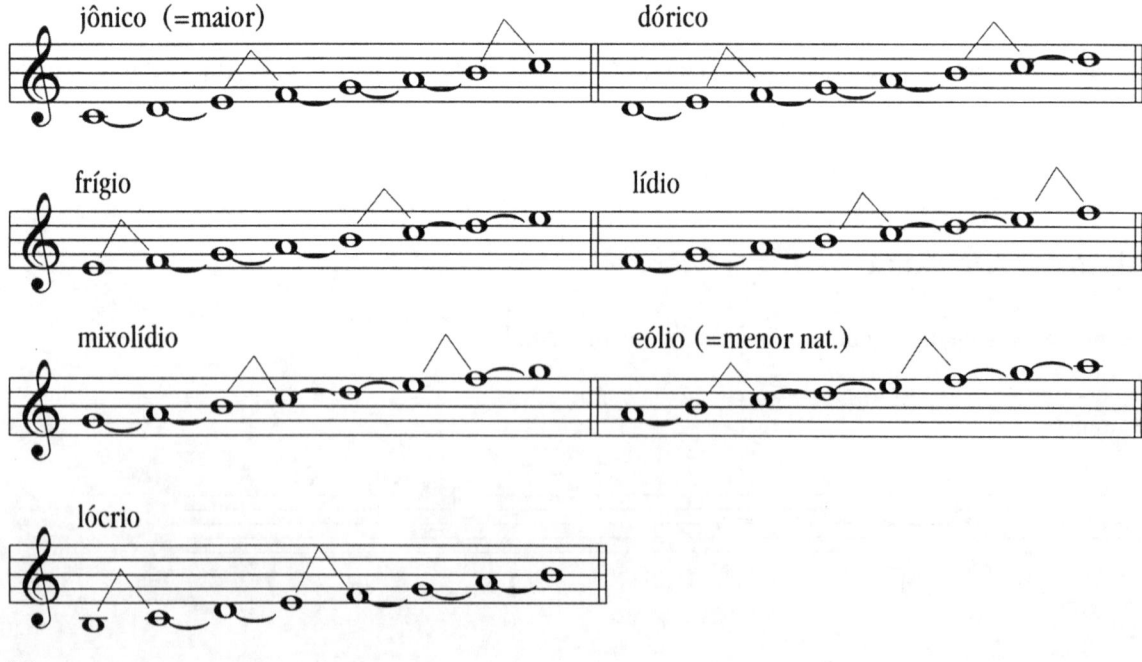

Com o uso de acidentes, podemos construir todos os modos a partir de uma nota dada, conservando a estrutura típica de cada um.

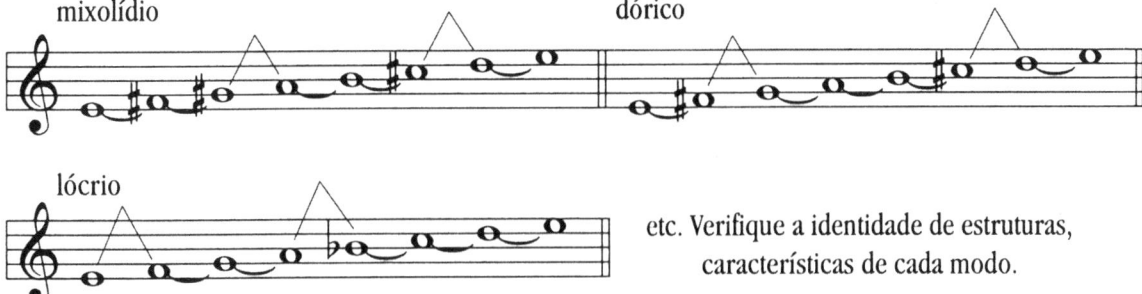

etc. Verifique a identidade de estruturas, características de cada modo.

Deixemos o treino dos modos naturais para o Capítulo 6 (Ciclo das Quintas).

5 Intervalos

A distância entre duas notas se chama *intervalo*. Eis os intervalos que as sete notas da escala maior fazem com a sua 1ª nota (tônica):

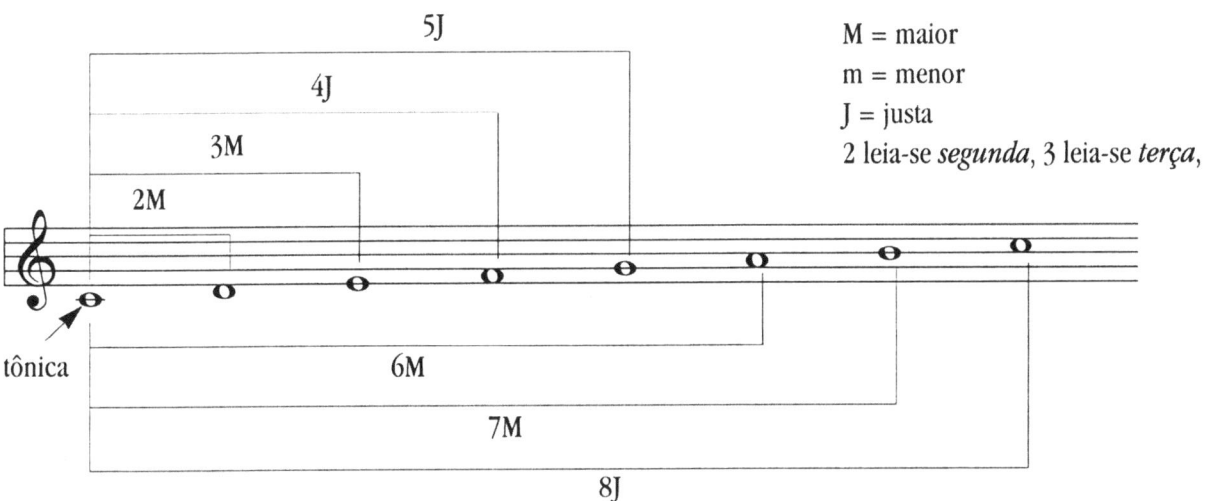

M = maior
m = menor
J = justa
2 leia-se *segunda*, 3 leia-se *terça*, etc.

Os intervalos podem ser classificados em duas categorias:
a. os que podem ser maiores (**M**) ou menores (**m**): 2ª 3ª 6ª 7ª
b. os que podem ser justos (**J**): 1ª 4ª 5ª 8ª

Todos os intervalos podem ser aumentados (**aum**) ou diminutos (**dim**). Na prática, entretanto, são usados os seguintes intervalos, aparecendo entre parênteses os de pouco uso, mais comuns em sua notação enarmônica (som igual, nome diferente):

1J - 2m - 2M - 2aum - (3dim) - 3m - 3M - (4dim) - 4J - 4aum - 5dim - 5J - 5aum - 6m - 6M - (6aum) - 7dim - 7m - 7M - 8J

Abaixo, construiremos cada intervalo ascendente a partir da nota **dó** e, numa outra linha, examinaremos a relação das notas resultantes com a nota **dó** oitava acima. Estes intervalos serão descendentes, e são chamados *inversões* dos intervalos originais ascendentes:

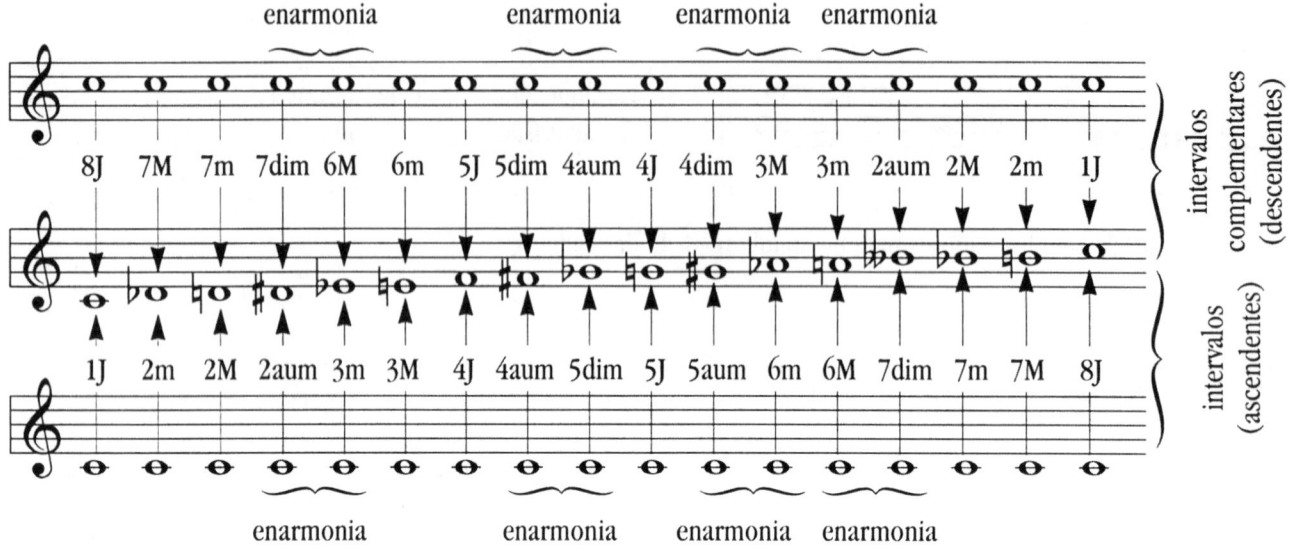

Para se calcular a inversão de um intervalo, apresentam-se as três regras práticas:

1. a inversão de **J** é **J** (por exemplo, 4J – 5J)
   a inversão de **M** é **m** (por exemplo, 7M – 2m)
   a inversão de **aum** é **dim** (por exemplo, 4aum – 5dim)
2. intervalo + sua inversão = nove (por exemplo, a 6ª com a 3ª somam, matematicamente, nove)
3. os complementos de dois intervalos enarmônicos (som igual, nome diferente) são dois intervalos enarmônicos
   (por exemplo, 4dim e 3M são complementos de 5aum e 6m)

Regras práticas para calcular os intervalos mais usados:
– calcular, primeiro, o número (por ex.: **ré – lá** ascendente é 5ª, pois são cinco notas envolvidas: **ré mi fá sol lá**). Se é **M, m, J, aum** ou **dim** é preocupação posterior.
– 2m = 1/2 tom
– 2M = 1 tom
– 3m = 1 1/2 tom
– 3M = 2 tons
– cálculo de 4ª ou 5ª: entre duas notas naturais, todas as 4ª ascendentes são justas, exceto **fá – si** (aumentada) e todas as 5ª ascendentes são justas, exceto **si – fá** (diminuta).
– a 6ª e a 7ª devem ser calculadas à base da inversão (por ex.: **6M** ascendente de **lá** = **3m** descendente ou seja, **fá♯**).

Exercício 10 Identifique os intervalos:

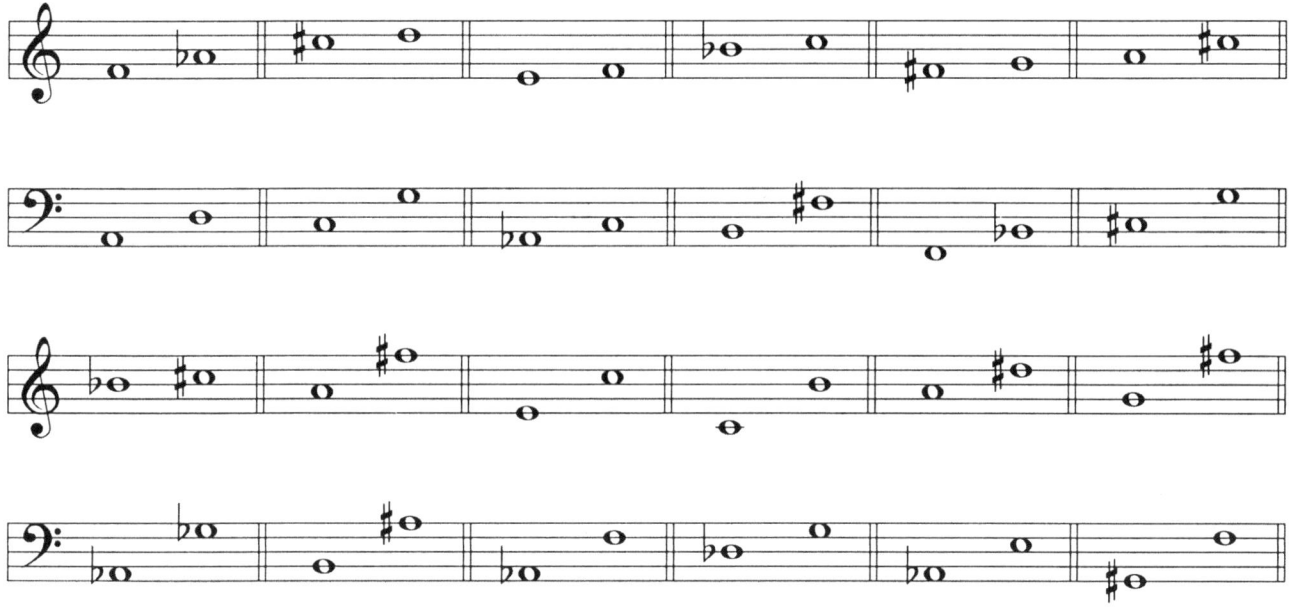

Exercício 11 Escreva os intervalos ↑ ou ↓ indicados:

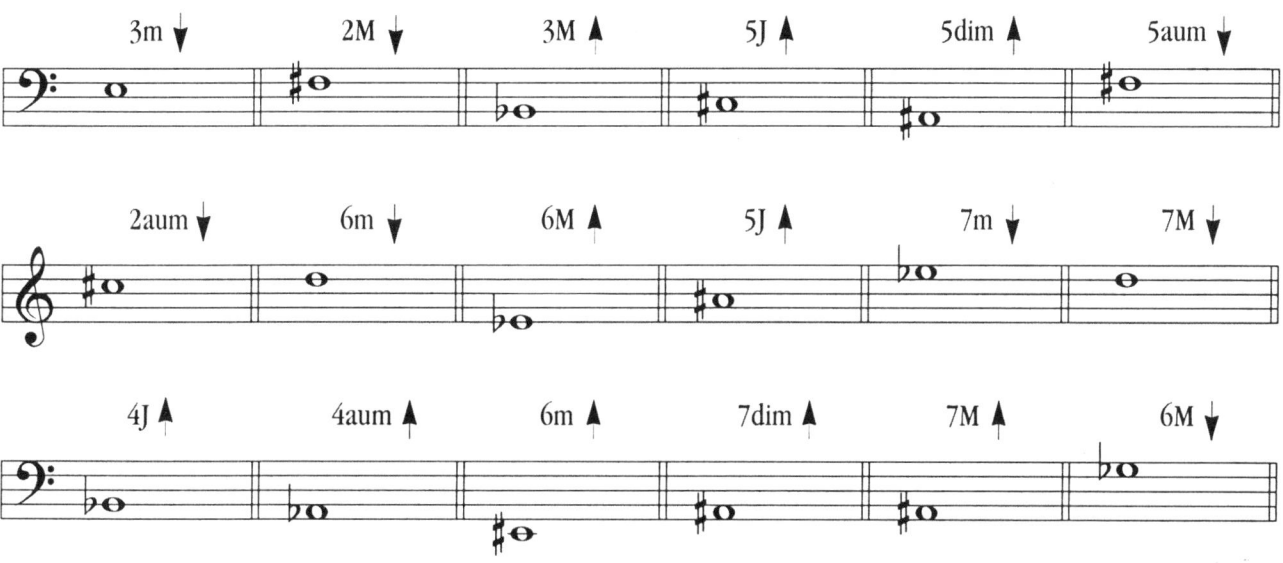

Exercício 12 A 1ª nota da linha vazia dá a relação intervalar com a melodia dada. Preencha a linha, guardando a mesma relação, pensando "verticalmente". Escreva, no início, o nome do intervalo a transpor. Deve-se conservar a relação das oitavas também (a distância real).

a.

b.

c.

6 Ciclo das quintas

- O ciclo

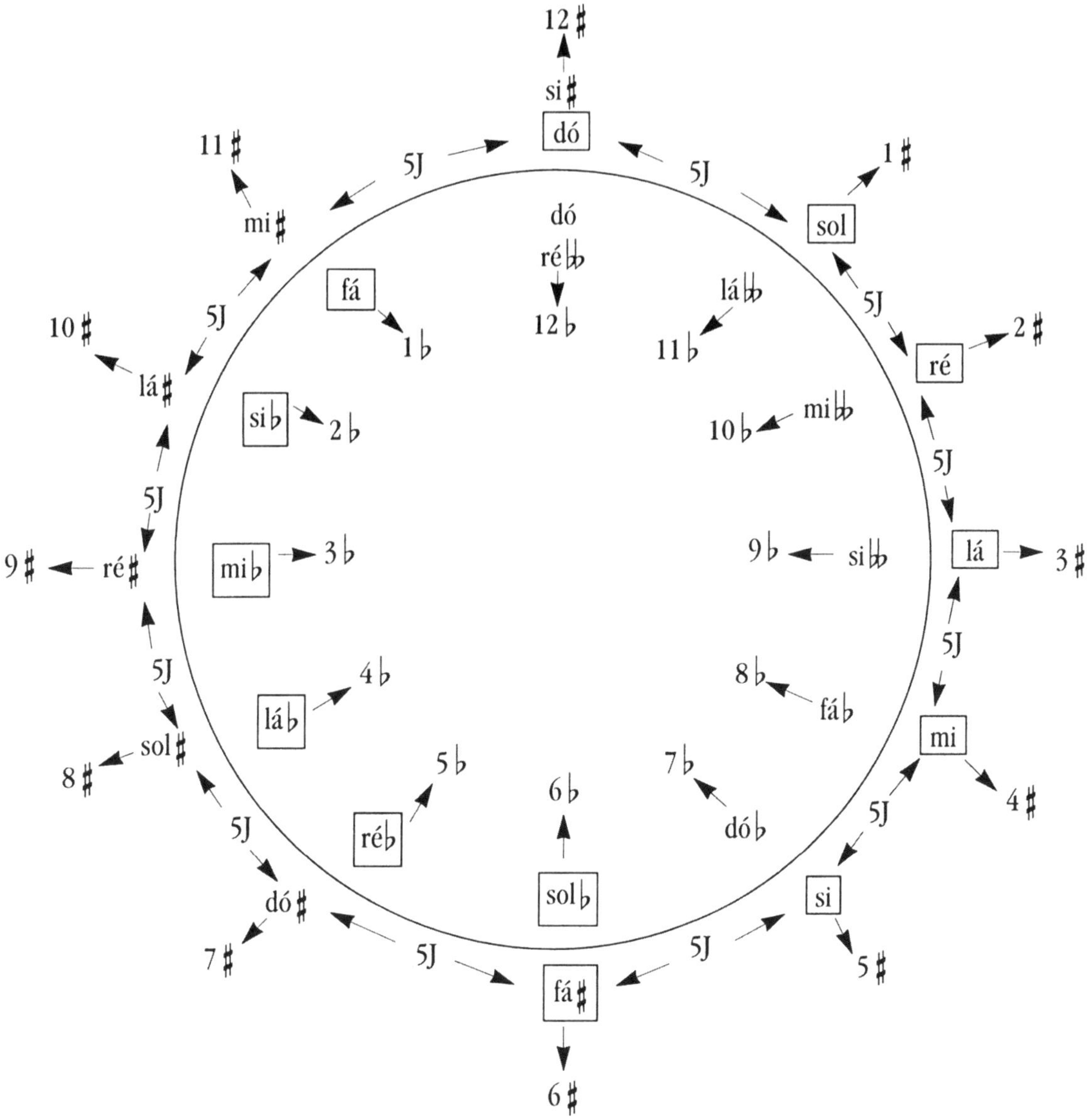

As 12 notas, quando organizadas em série onde as notas adjacentes são separadas pelo intervalo de **5J**, formam um ciclo chamado *ciclo das quintas*:

etc., até novamente alcançar a nota **dó**

O ciclo das quintas permite calcular o número de acidentes (armadura) de todas as tonalidades (escalas) maiores. **dó maior** não tem acidentes, **sol maior** tem 1 ♯, **ré maior** tem 2 ♯, etc. Se partirmos para o lado esquerdo, isto é, **5J** descendentes, **fá maior** tem 1♭, **si♭ maior** tem 2♭, etc. É percebido no quadro que os acidentes crescem até 12 ♯ e 12 ♭, mas nunca é preciso usar tonalidades com mais de 6 acidentes, pois acima de 6 ♯ haverá um tom enarmônico com bemóis em número menor que sustenidos e acima de 6 ♭ haverá um tom enarmônico com sustenidos em número menor que bemóis, já que as notas dos lados externo e interno do círculo são enarmônicas e, portanto, as tonalidades também o são. Assim, as tonalidades maiores a serem usadas (tons práticos) estão dentro de um retângulo (ré) no quadro.

Em relação ao ciclo das quintas, cabem ainda as seguintes observações:

a. o lado externo do círculo (nº crescente de ♯) segue a direção horária e o lado interno (nº crescente de ♭), a anti-horária
b. a soma dos acidentes de dois tons enarmônicos é 12 (por exemplo, **mi♭ maior** [3♭] com **ré♯ maior** [9♯] = 12)
c. para definir a armadura do tom maior, devemos decorar dois pares de seqüência de notas, ambos tirados do ciclo das quintas:

1. quantos acidentes há?

	1	2	3	4	5	6	7
♯	sol	ré	lá	mi	si	fá♯	dó♯
♭	fá	si♭	mi♭	lá♭	ré♭	sol♭	dó♭

2. quais são os acidentes?

♯	fá	dó	sol	ré	lá	mi	si
♭	si	mi	lá	ré	sol	dó	fá

ou seja:

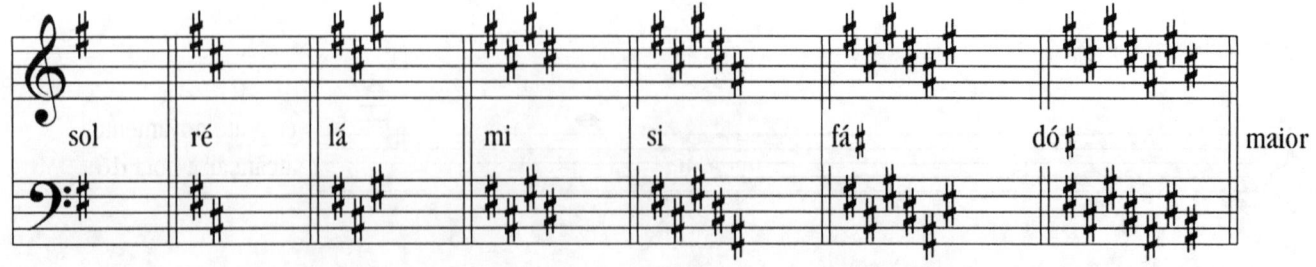

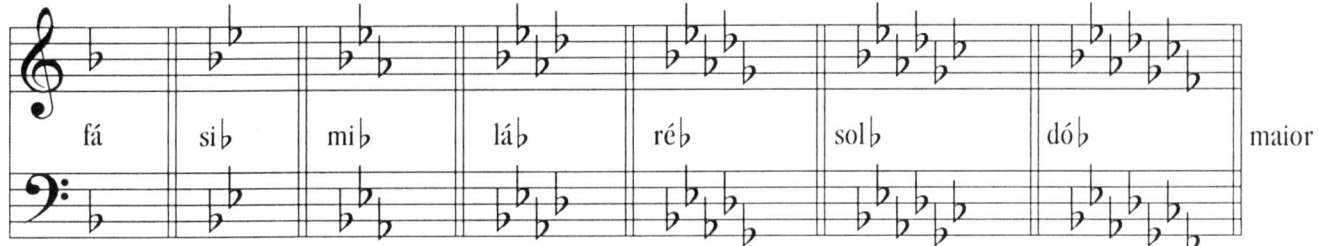

- **Relação entre as tonalidades**

- *Tons relativos*, um maior e outro menor, têm a mesma armadura; o menor relativo parte do 6º grau do maior, ou seja, tem a tônica **3m** abaixo (ex.: **dó maior** com **lá menor**).
- *Tons vizinhos diretos*, ambos maiores ou ambos menores, são vizinhos no ciclo das quintas, ou seja, têm um acidente de diferença entre si (ex.: **dó maior** com **fá maior** ou com **sol maior**; **lá menor** com **ré menor** ou com **mi menor**).
- *Tons vizinhos indiretos*, um maior e outro menor, são os relativos dos vizinhos diretos, ou seja, têm um acidente de diferença entre si (ex.: **dó maior** com **ré menor** ou com **mi menor**; **lá menor** com **fá maior** ou **sol maior**).
- *Tons homônimos*, um maior e outro menor, com a mesma tônica, que apresentam, portanto, a diferença de 3 acidentes (ex.: **dó maior** com **dó menor**; **lá maior** com **lá menor**).

Exemplo:

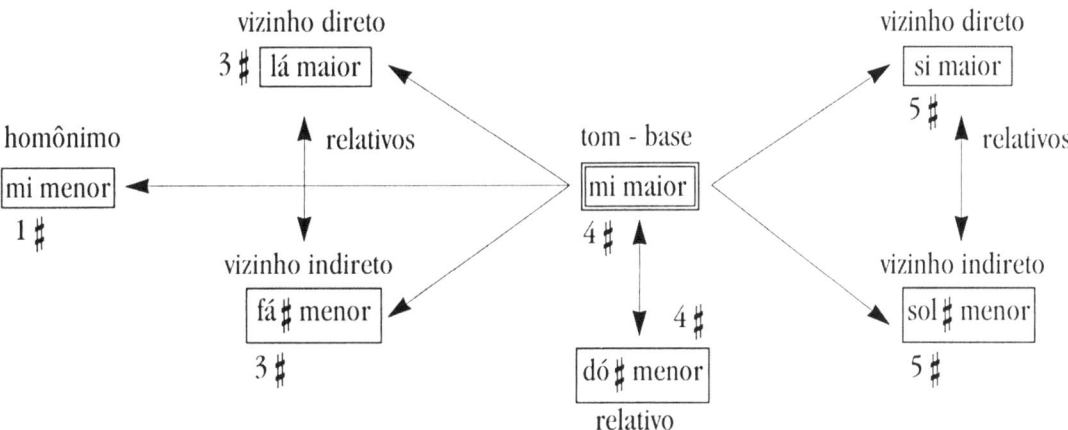

Exercício 13 Faça a armadura dos tons pedidos:

Exercício 14 Escreva os tons que correspondem às armaduras:

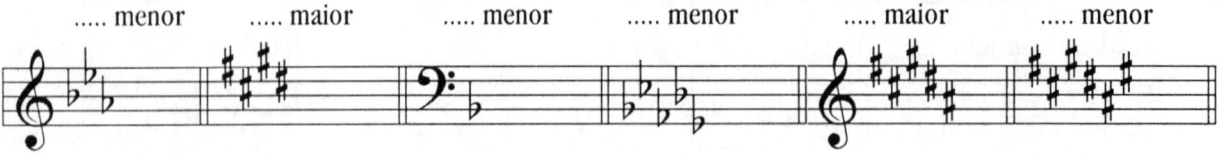

Exercício 15 Assinale o correto

a. **fám** e **lá♭M** são: vizinhos diretos / vizinhos indiretos / relativos / homônimos / nenhum
b. **siM** e **sol♯m** são: vizinhos diretos / vizinhos indiretos / relativos / homônimos / nenhum
c. **solM** e **si♭m** são: vizinhos diretos / vizinhos indiretos / relativos / homônimos / nenhum
d. **réM** e **fáM** são: vizinhos diretos / vizinhos indiretos / relativos / homônimos / nenhum
e. **mi♭m** e **mi♭M** são: vizinhos diretos / vizinhos indiretos / relativos / homônimos / nenhum
f. **mi♭m** e **ré♭M** são: vizinhos diretos / vizinhos indiretos / relativos / homônimos / nenhum
g. **lám** e **rém** são: vizinhos diretos / vizinhos indiretos / relativos / homônimos / nenhum
h. **siM** e **ré♯m** são: vizinhos diretos / vizinhos indiretos / relativos / homônimos / nenhum

Exercício 16 Faça o quadro dos tons relativo, homônimo, vizinhos diretos e indiretos do tom de **fá menor**, a exemplo do quadro já apresentado:

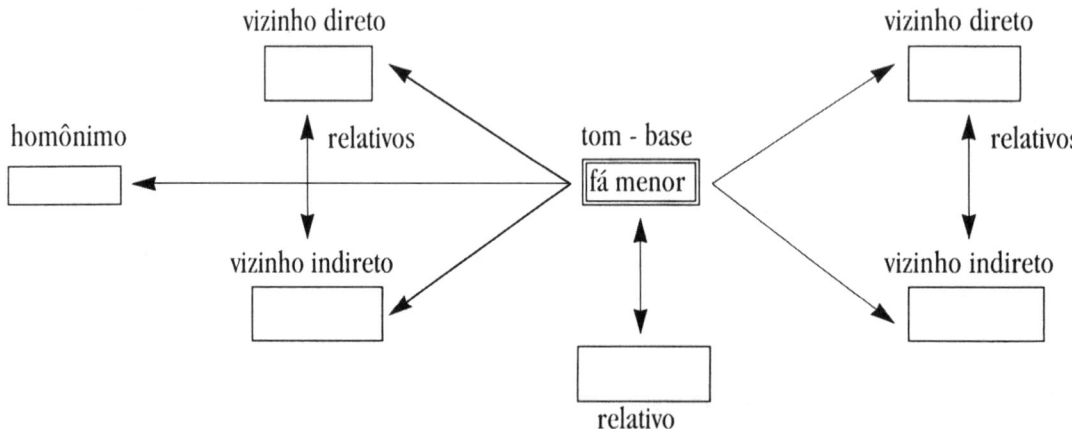

▪ Os modos naturais e a armadura da clave

Os modos naturais, já apresentados no Capítulo 4, são chamados modos relativos quando têm a mesma armadura de clave (as mesmas sete notas). Assim como **lá menor** é relativo de **dó maior**, os sete modos naturais que se seguem também são relativos entre si: **dó jônico (= maior), ré dórico, mi frígio, fá lídio, sol mixolídio, lá eólio (= menor natural)** e **si lócrio**. Todos têm a característica de não possuir armadura de clave. A cada tom maior correspondem 6 modos relativos. Para fácil memorização, associamos cada modo natural com um grau da escala maior:

grau da escala maior	modo	-	1♯	2♯	3♯	4♯	5♯	6♯	7♯	7♭	6♭	5♭	4♭	3♭	2♭	1♭
		dó	sol	ré	lá	mi	si	fá♯	dó♯	dó♭	sol♭	ré♭	lá♭	mi♭	si♭	fá
		maior														
1º	iônico (maior)	dó	sol	ré	lá	mi	si	fá♯	dó♯	dó♭	sol♭	ré♭	lá♭	mi♭	si♭	fá
2º	dórico	ré	lá	mi	si	fá♯	dó♯	sol♯	ré♯	ré♭	lá♭	mi♭	si♭	fá	dó	sol
3º	frígio	mi	si	fá♯	dó♯	sol♯	ré♯	lá♯	mi♯	mi♭	si♭	fá	dó	sol	ré	lá
4º	lídio	fá	dó	sol	ré	lá	mi	si	fá♯	fá♭	dó♭	sol♭	ré♭	lá♭	mi♭	si♭
5º	mixolídio	sol	ré	lá	mi	si	fá♯	dó♯	sol♯	sol♭	ré♭	lá♭	mi♭	si♭	fá	dó
6º	eólio (menor)	lá	mi	si	fá♯	dó♯	sol♯	ré♯	lá♯	lá♭	mi♭	si♭	fá	dó	sol	ré
7º	lócrio	si	fá♯	dó♯	sol♯	ré♯	lá♯	mi♯	si♯	si♭	fá	dó	sol	ré	lá	mi

Exemplo: – qual é o relativo **frígio** de **mi maior**?

R: é **sol♯ frígio** (que fica no 3º grau de **mi maior**; logo: terá 4♯)

– qual é o relativo **lídio** de **fá lócrio**?

R: é **dó♭ lídio** (que fica no 4º grau de **sol♭ maior**, relativo de **fá lócrio**; logo: terá 6♭)

Exercício 17 a. Escreva, com armadura, os modos de **lá dórico** e **sol♯ eólio**:

b. Escreva, com acidentes locais, os modos de **mi♭ mixolídio** e **mi♯ lócrio**:

c. Qual é a armadura de **si frígio**?
d. Qual é o **dórico** relativo de **dó eólio**?
e. Qual é o **lídio** de 4♯?
f. Quantos acidentes de diferença há entre...
... um **frígio** e seu homônimo **lócrio**?
... um **mixolídio** e seu homônimo **eólio**?
... um **lídio** e seu homônimo **dórico**?

7 Escala cromática

- Escala cromática maior

Exemplo: dó

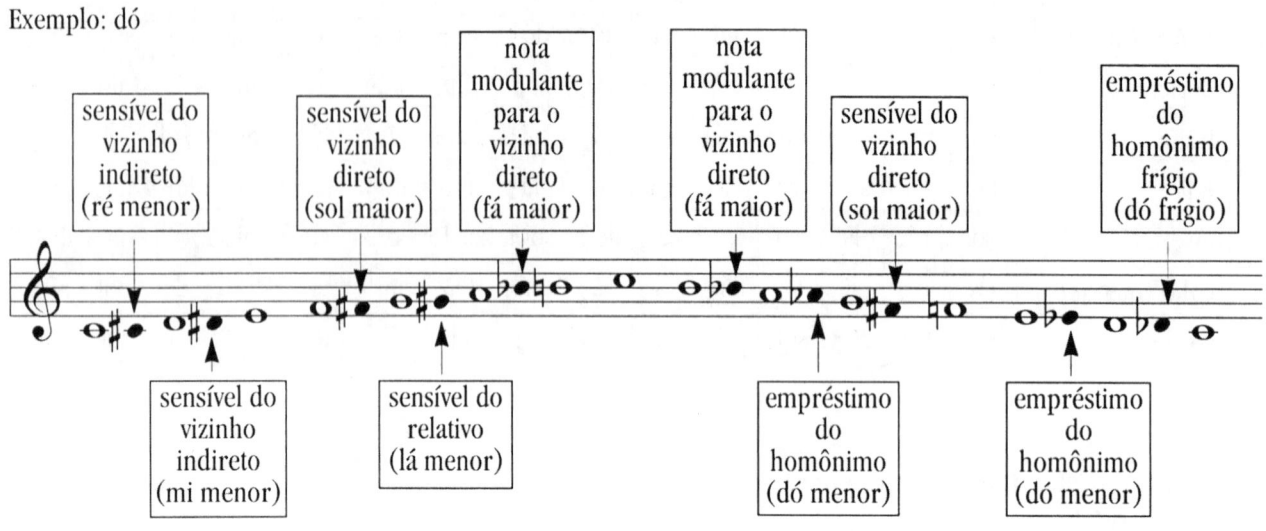

- Escala cromática menor

Exemplo: dó

A escala cromática menor descendente é igual à ascendente.

As notas brancas são diatônicas e as pretas, cromáticas. Cada nota cromática vem de um tom vizinho, relativo ou homônimo (sensível = a nota que é atraída pela tônica, uma **2m** [semitom] abaixo desta).

Emprego: a maioria das passagens cromáticas é ascendente ou descendente por grau conjunto (com resolução direta ou indireta), portanto é um fragmento da escala cromática (do tom maior ou menor do momento). Quando lembrado esse aspecto, os erros enarmônicos da notação melódica, tão freqüentes, podem facilmente ser evitados. Outra regra básica da notação cromática é o uso de duas notas *diferentes* na bordadura por semitom:

Exercício 18 a. Escreva a escala cromática em **mi maior**, ascendente e descendente:

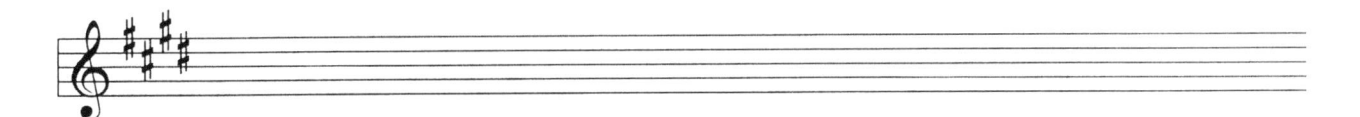

b. Escreva a escala cromática em **fá menor**:

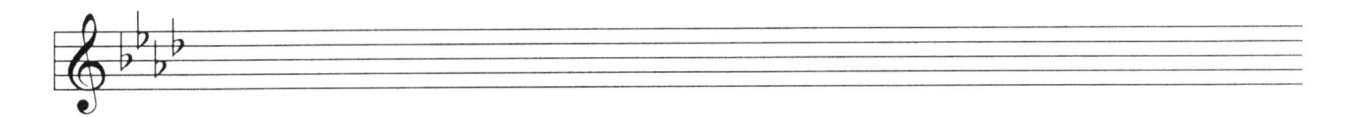

c. Escolha a correta entre as duas notas enarmônicas dadas em cada retângulo:

Deep purple — *Rose e Parish*

d. Desta vez em música menor:

Retrato em branco e preto — *Tom Jobim e Chico Buarque*

* bordadura com resolução indireta

8 Acordes

- Definições

Harmonia é o acompanhamento da melodia feito por uma progressão de acordes.
Acorde é o som feito de três ou mais notas, tocadas simultaneamente, separadas por terças, via de regra.
Tríade é o acorde de três notas, separadas por terças.
Tétrade é o acorde de quatro notas, separadas por terças.
Cifra é o símbolo do acorde, feita de uma *letra* maiúscula e *complemento*. As letras maiúsculas são as primeiras sete letras do alfabeto, representando as notas **lá si dó ré mi fá sol** respectivamente: **lá = A   si = B   dó = C   ré = D   mi = E   fá = F   sol = G**. A *letra* da cifra designa a *nota fundamental* do acorde, ou seja, a nota mais grave, a partir da qual o acorde é construído numa sucessão de terças superpostas. Se essa nota for alterada, o sinal da alteração aparece ao lado direito da letra: **si bemol = B♭, sol sustenido = G♯** etc.
O *complemento* representa, através de números, letras e símbolos, a estrutura do acorde, indicando os intervalos característicos formados entre a nota fundamental e cada uma das notas. A cifra define, ainda, a *inversão* do acorde, mas *não* define em que altura cada nota deve ser tocada.

- Tríades

a. Uma letra maiúscula, sem complemento, representa a *tríade maior*, cuja estrutura é:

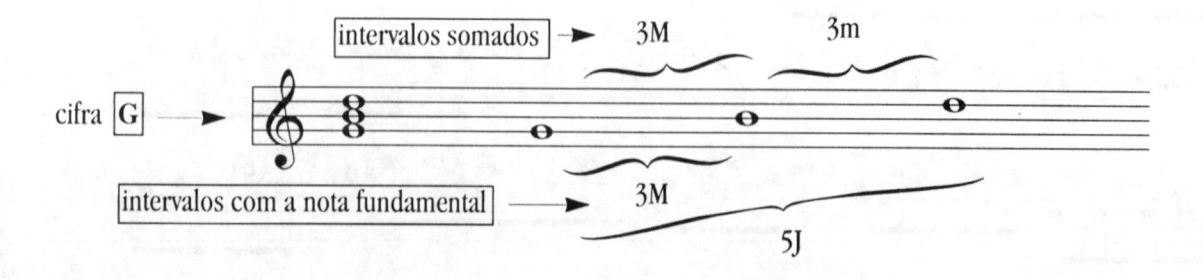

b. Uma letra maiúscula, com **m** minúsculo ao lado, representa a *tríade menor*, cuja estrutura é:

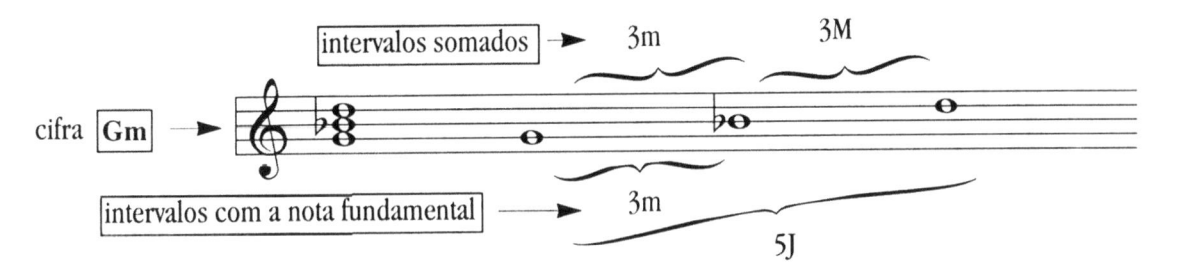

c. Uma letra maiúscula, com ⓞ ou dim ao lado, representa a *tríade diminuta*, cuja estrutura é:

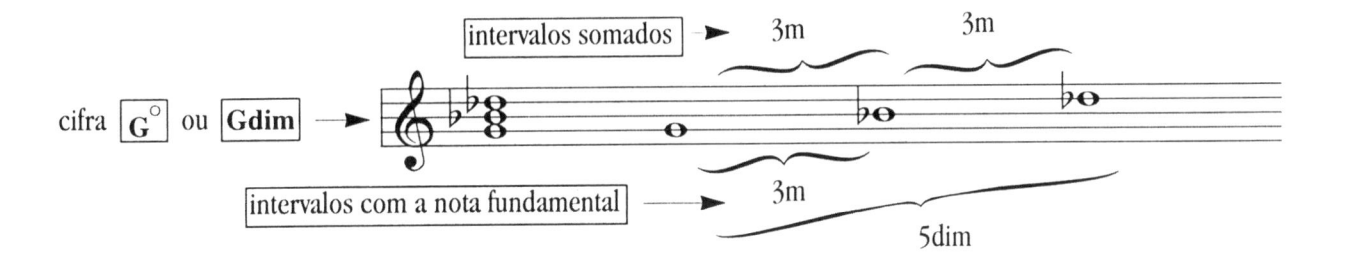

d. Uma letra maiúscula, com + ou aum ao lado, representa a *tríade aumentada*, cuja estrutura é:

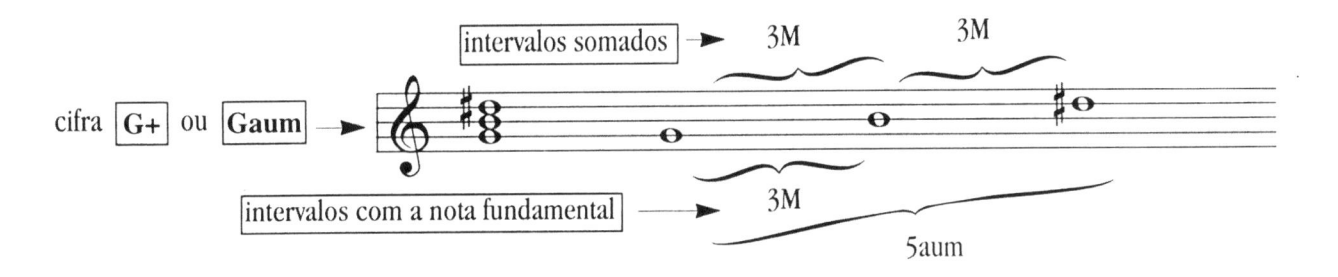

Exercício 19 a. Escreva as cifras corretas por cima dos acordes:

b. Escreva os acordes representados pelas cifras:

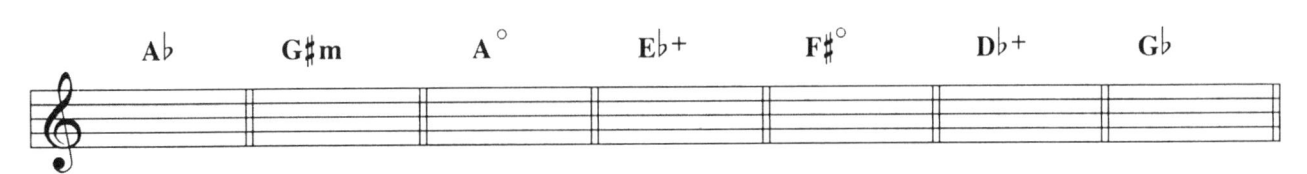

A♭   G♯m   A°   E♭+   F♯°   D♭+   G♭

■ **Tétrades**

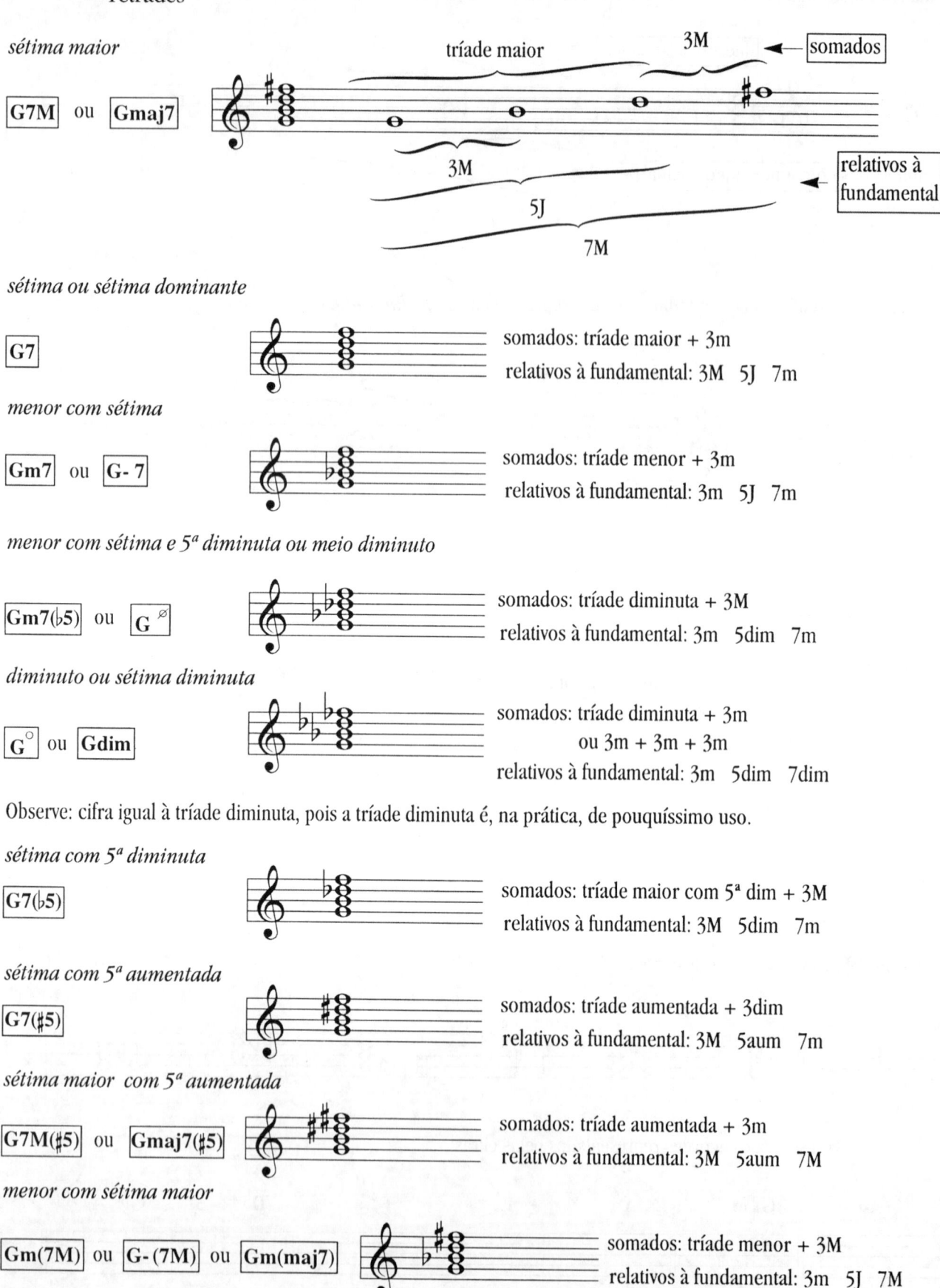

sétima maior

G7M ou Gmaj7

tríade maior — 3M ← somados

relativos à fundamental: 3M 5J 7M

sétima ou sétima dominante

G7

somados: tríade maior + 3m
relativos à fundamental: 3M 5J 7m

menor com sétima

Gm7 ou G-7

somados: tríade menor + 3m
relativos à fundamental: 3m 5J 7m

menor com sétima e 5ª diminuta ou meio diminuto

Gm7(♭5) ou G^ø

somados: tríade diminuta + 3M
relativos à fundamental: 3m 5dim 7m

diminuto ou sétima diminuta

G° ou Gdim

somados: tríade diminuta + 3m
ou 3m + 3m + 3m
relativos à fundamental: 3m 5dim 7dim

Observe: cifra igual à tríade diminuta, pois a tríade diminuta é, na prática, de pouquíssimo uso.

sétima com 5ª diminuta

G7(♭5)

somados: tríade maior com 5ª dim + 3M
relativos à fundamental: 3M 5dim 7m

sétima com 5ª aumentada

G7(♯5)

somados: tríade aumentada + 3dim
relativos à fundamental: 3M 5aum 7m

sétima maior com 5ª aumentada

G7M(♯5) ou Gmaj7(♯5)

somados: tríade aumentada + 3m
relativos à fundamental: 3M 5aum 7M

menor com sétima maior

Gm(7M) ou G-(7M) ou Gm(maj7)

somados: tríade menor + 3M
relativos à fundamental: 3m 5J 7M

Exercício 20 a. Escreva as cifras corretas por cima dos acordes

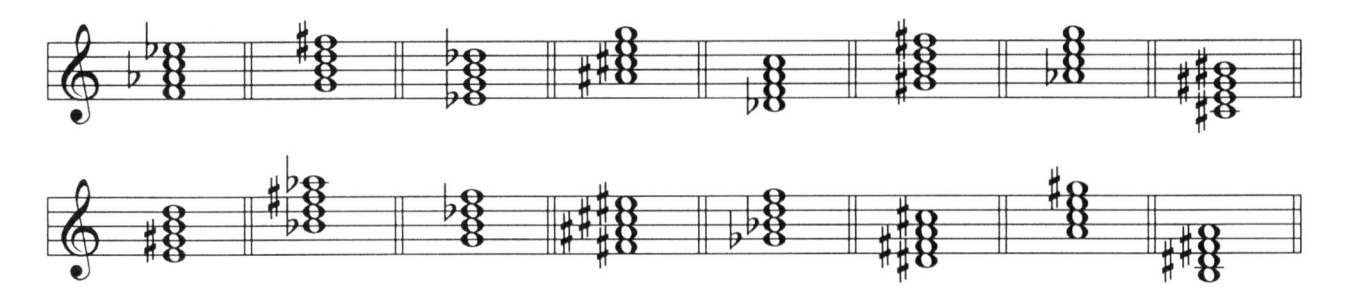

b. Escreva os acordes representados pelas cifras

G m7   E 7(♭5)   A♭7M   E♭7M(♯5)   A♯m7(♭5)   E♭m(7M)   D 7(♭5)   D♭7(♯5)

D♯°   G♭7   F♯m7   F 7M(♯5)   C 7(♯5)   A m7(♭5)   C♯7   B m7(♭5)

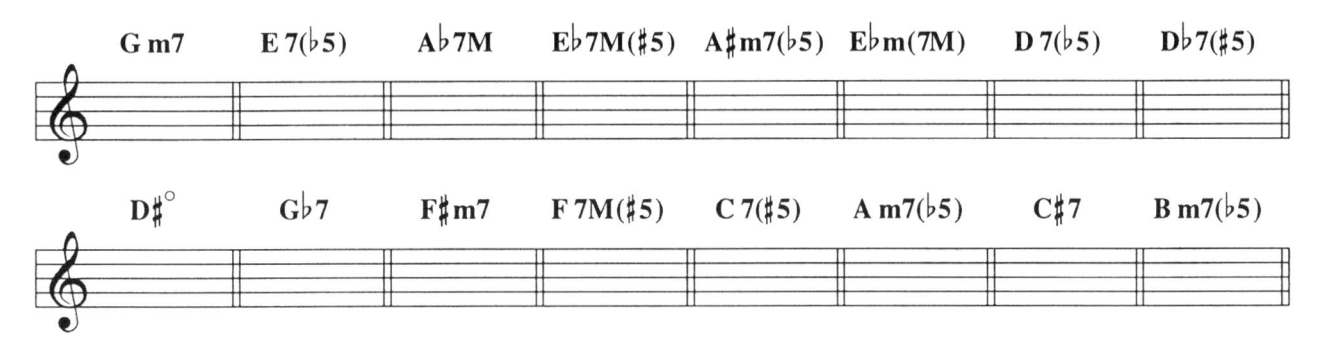

- Acordes de sexta

Além das tríades e das tétrades, há acordes de sexta. Eles são tríades maiores e menores com **6M** acrescentada, portanto acordes de 4 sons.

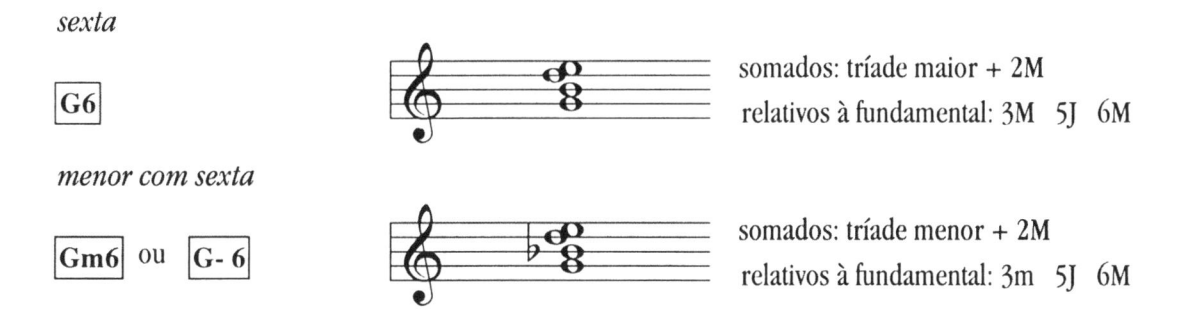

sexta

G6 — somados: tríade maior + 2M
relativos à fundamental: 3M 5J 6M

menor com sexta

Gm6 ou G-6 — somados: tríade menor + 2M
relativos à fundamental: 3m 5J 6M

Exercício 21 a. Escreva as cifras corretas por cima dos acordes:

b. Escreva os acordes representados pelas cifras:

C♯m6   G m6   D 6   B 6   E♭6   B♭m6

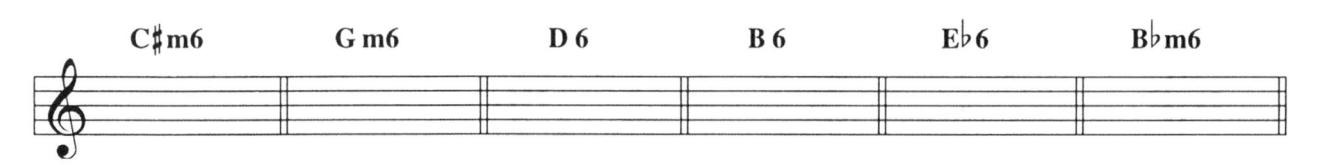

■ Inversão dos acordes

Quando a nota fundamental deixa de ser a nota mais grave do acorde, trata-se de acorde invertido. Na cifra, coloca-se em destaque a nova nota mais grave, que passará a ser o *baixo* do acorde.

a. A tríade tem duas inversões:

      D   D/F♯   D/A

posição fundamental   1ª inversão (baixo na 3ª)   2ª inversão (baixo na 5ª)

b. A tétrade tem três inversões:

    D 7   D 7/F♯   D 7/A   D/C

fundamental   1ª inversão   2ª inversão   3ª inversão (baixo na 7ª)

Observe a ausência do 7 em **D/C**, pois o baixo **dó** já é a 7ª do acorde e **D7/C** seria redundante.

c. O acorde de sexta tem duas inversões, a exemplo da tríade:

    F 6   F 6/A   F 6/C

fundamental   1ª inversão   2ª inversão

Observe: A 3ª inversão do acorde de sexta resulta em tétrade na posição fundamental, portanto soa como tétrade:

    F 6/D = D m7   F m6/D = D m7(♭5)   ? = ?

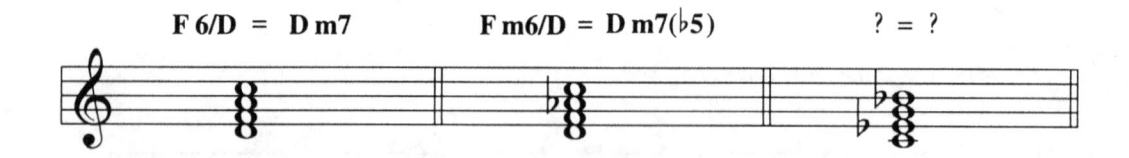

Inversões de acordes de sexta coincidem com outras inversões de tétrades e a cifragem é escolhida conforme o contexto harmônico:

    B m6/D = G♯m7(♭5)/D   G 6/D = E m/D   ? = ?

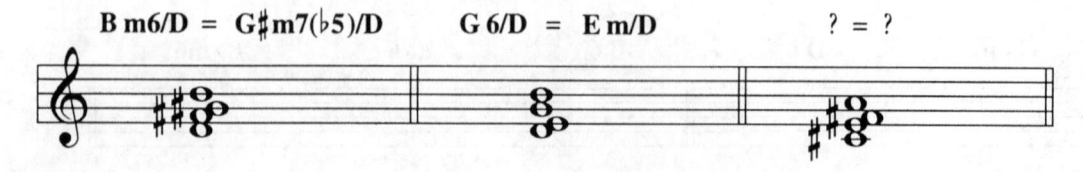

Exercício 22 Dada a nota mais aguda do acorde, complete-o escolhendo o acorde onde...

a. ...a nota dada é a fundamental

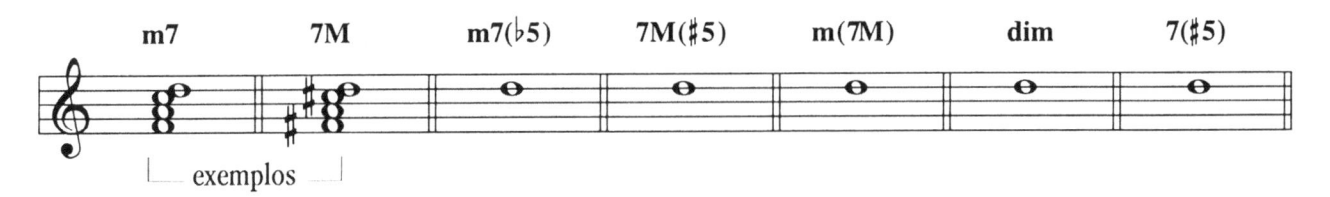

m7   7M   m7(♭5)   7M(♯5)   m(7M)   dim   7(♯5)

└─ exemplos ─┘

b. ...a nota dada é 3ª

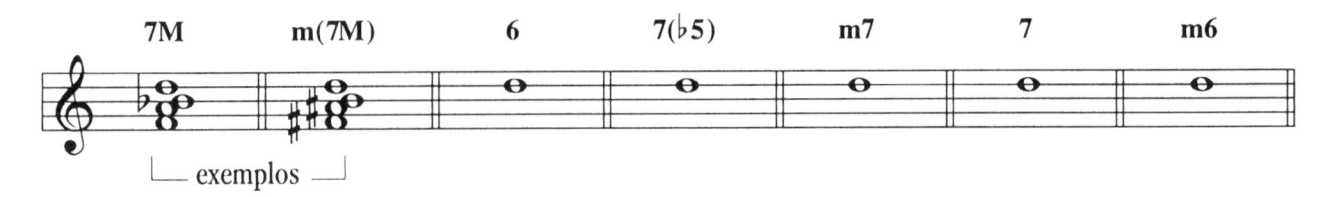

7M   m(7M)   6   7(♭5)   m7   7   m6

└─ exemplos ─┘

c. ...a nota dada é 5ª

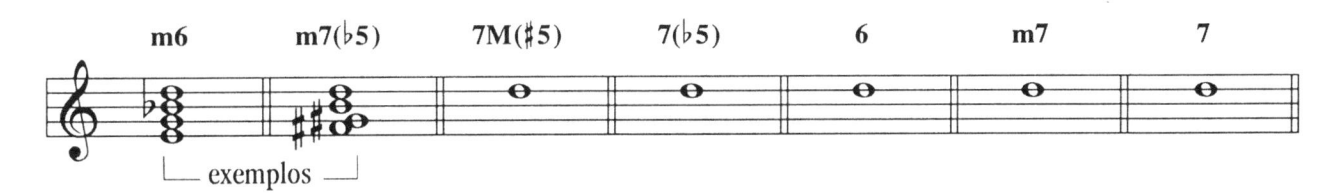

m6   m7(♭5)   7M(♯5)   7(♭5)   6   m7   7

└─ exemplos ─┘

d. ...a nota dada é 7ª

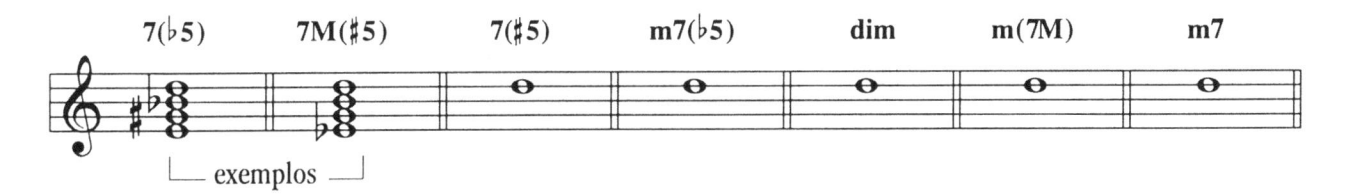

7(♭5)   7M(♯5)   7(♯5)   m7(♭5)   dim   m(7M)   m7

└─ exemplos ─┘

Exercício 23 Escreva os tipos de acordes pedidos, dada a nota mais aguda do acorde e o grau que ela representa no mesmo:

a. 7ª maior

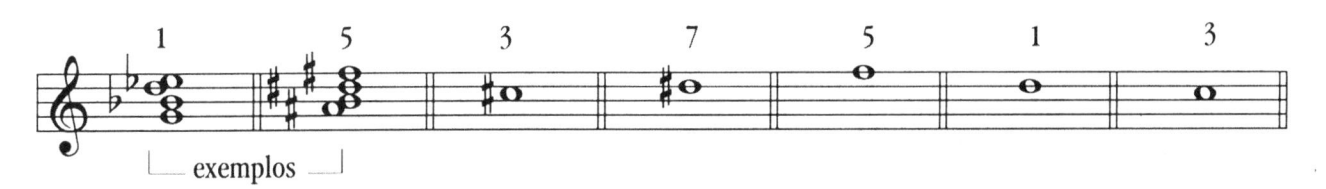

1   5   3   7   5   1   3

└─ exemplos ─┘

b. menor com 7ª

c. 7ª (dominante)

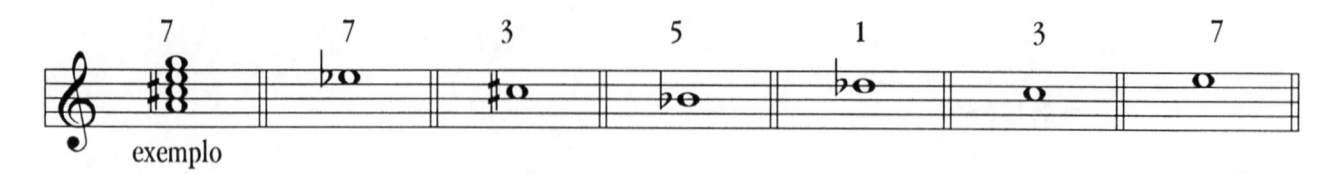

d. 7ª maior com 5ª aumentada

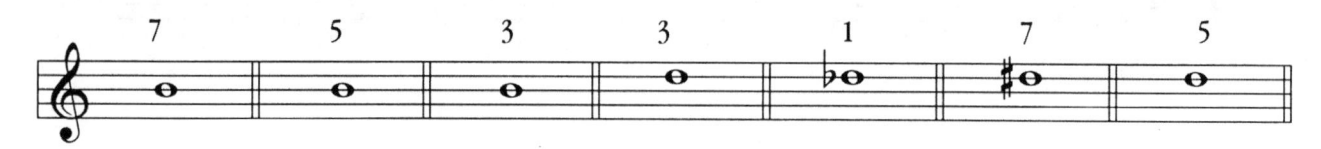

e. menor com 7ª e 5ª diminuta

f. menor com 7ª maior

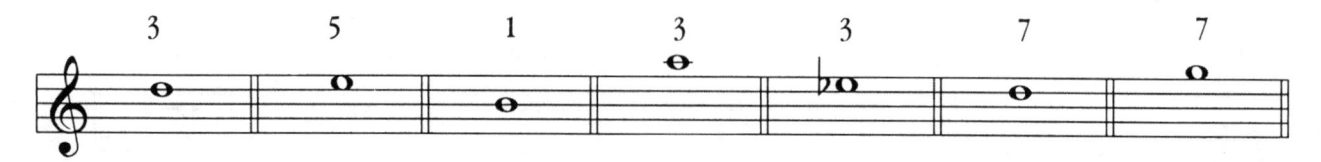

g. diminuto

h. 7ª com 5ª aumentada

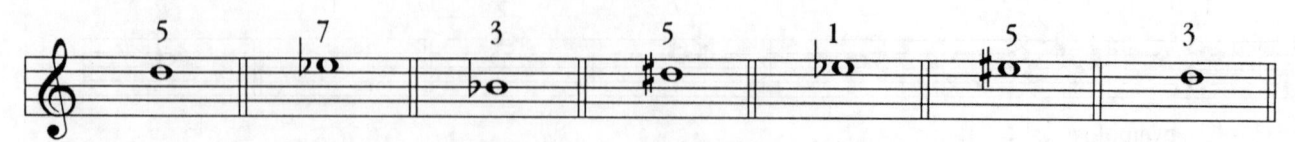

i. 7ª com 5ª diminuta

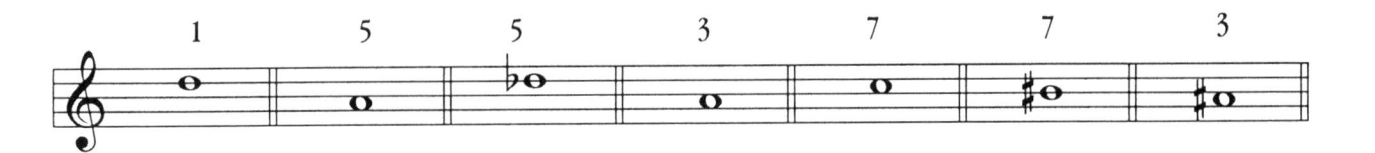

j. 6ª

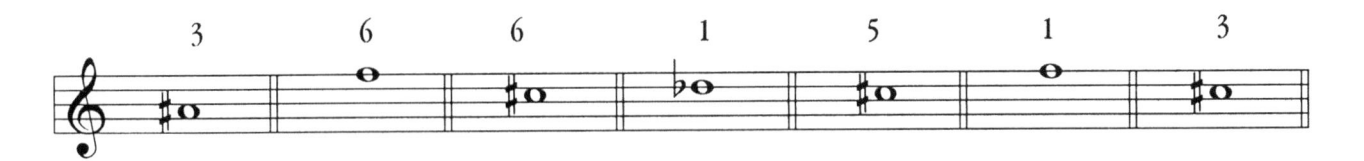

k. menor com 6ª

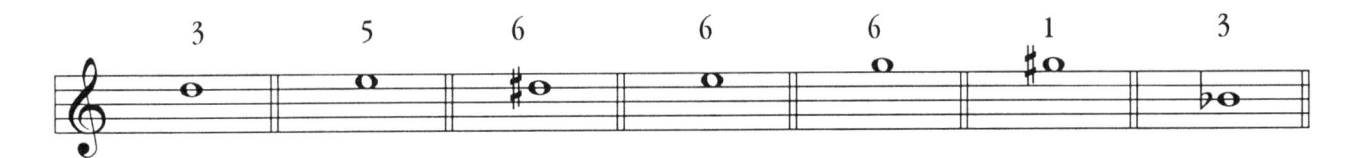

Exercício 24 Escreva os acordes indicados pelas cifras, na posição fundamental, sem repetir os acidentes das armaduras:

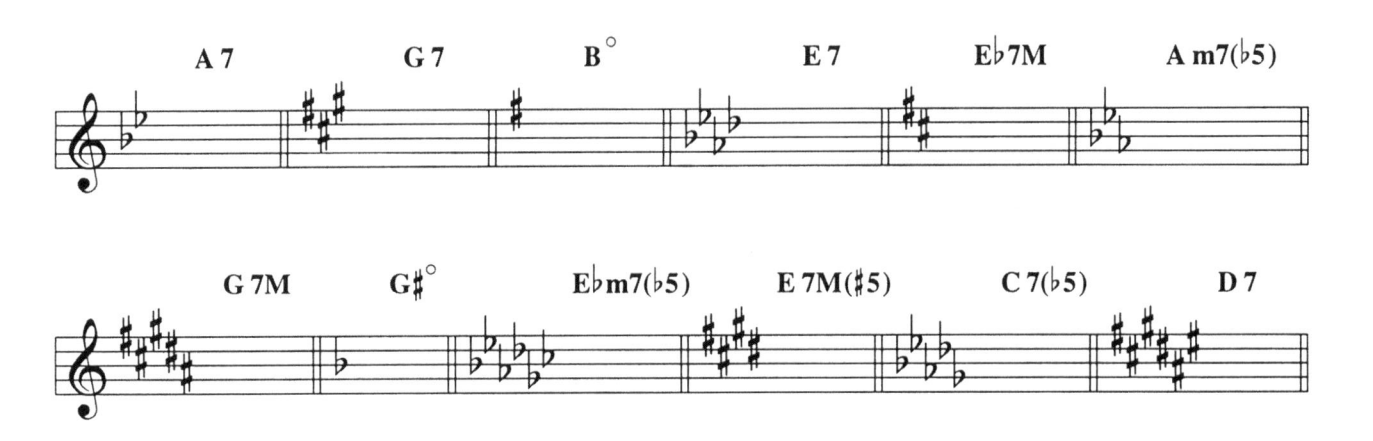

A 7   G 7   B°   E 7   E♭7M   A m7(♭5)

G 7M   G♯°   E♭m7(♭5)   E 7M(♯5)   C 7(♭5)   D 7

9 | Notação musical

■ Comentário

A música, arte interpretativa, decorre no plano *temporal*. Sua notação, entretanto, ocupa o plano *espacial*. O primeiro diálogo – o *gráfico* – é realizado entre o compositor (ou seu representante, o arranjador) e o intérprete. O segundo diálogo – o *sonoro* – acontece entre o intérprete e o público. O arranjador, verdadeiro engenheiro da música, concebe as tarefas e a equipe as realiza com os seus técnicos: os instrumentistas. A notação musical, além de refletir essas tarefas, deve fazê-lo de modo claro, transparente e organizado, razão pela qual a escrita extrapola o âmbito musical, passando a ser um desafio psicológico. A programação visual dali decorrente deve se servir de imagens habituais e simples, de modo a permitir ao intérprete uma leitura descontraída, via reflexos, com a atenção liberada para os aspectos musicais e a interpretação. Em outras palavras: a música, por mais criativa que seja, deve ser anotada por imagens das mais costumeiras e comuns, onde todas as situações musicais sejam reduzidas a meros *clichês* visuais.

A seguir, veremos alguns detalhes na notação melódica e rítmica que podem desafiar o arranjador, mesmo que ele tenha a prática da *leitura*. A prática da *notação* age sobre outros reflexos que só podem ser desenvolvidos com o hábito de escrever, criando a desejada *intimidade* com o papel.

■ Melodia

a. As hastes das notas na parte inferior da pauta apontam para cima e vice-versa. Em grupos de colchetes, obedecem à maioria das notas:

Em notação de duas melodias na mesma pauta, a direção da haste define as duas vozes:

b. As ligaduras entre duas notas iguais são de prolongamento e são colocadas ao lado oposto de pelo menos uma das duas hastes.

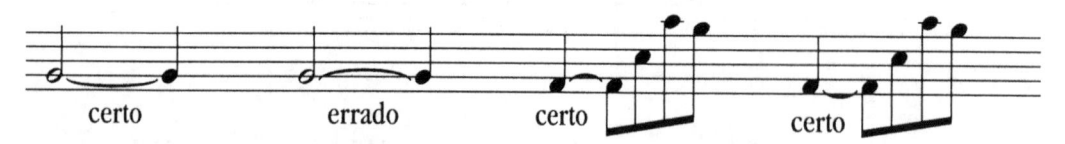

certo   errado   certo   certo

c. Duas notas adjacentes, em acorde, devem ser escritas diagonalmente uma sobre a outra e em ambos os lados da haste, mesmo em linhas suplementares:

d. Acidentes: a *armadura da clave* é anotada antes da fração do compasso e é repetida em cada pauta, agregada à clave. Quando se omite a armadura, deve-se também omitir a clave ou vice-versa, nas pautas subseqüentes à 1ª pauta. O *acidente local* só é válido no compasso e na oitava onde é empregado ou quando transmitido por uma ligadura de prolongamento. O uso de acidente local, inclusive ♮, é obrigatório quando eliminar dúvidas ou servir de lembrete, mesmo que seja redundante em relação à armadura da clave. Não convém usar parêntesis nestes casos, mas o simples acidente local.

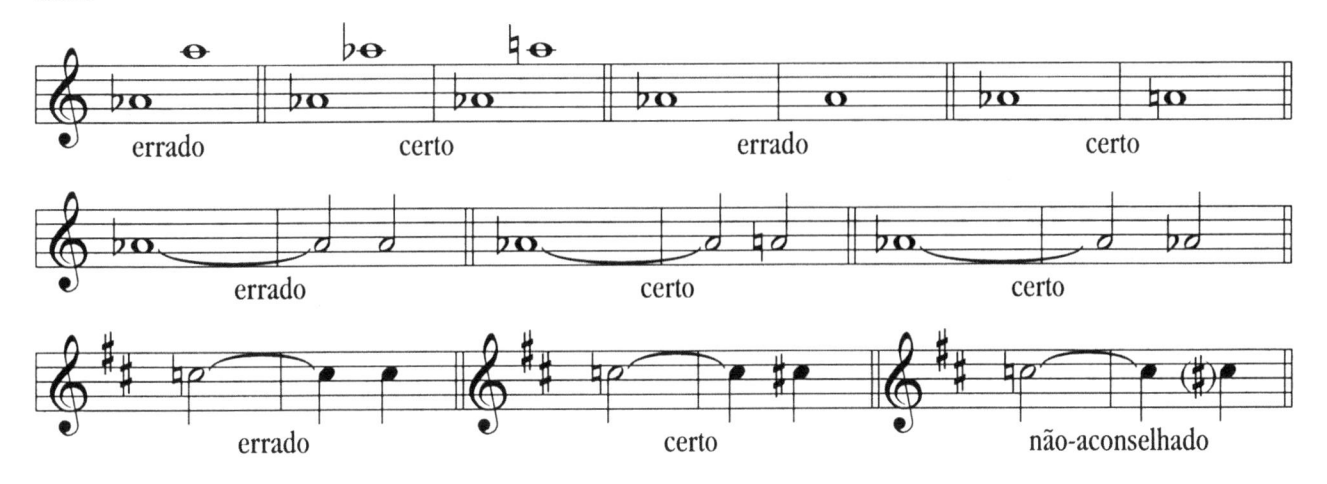

e. Cifra: deve ser, preferivelmente, anotada acima da melodia, no espaço entre duas pautas e, mesmo se for anotada em pauta, deve dispensar armadura e clave. A fração e a barra de compasso só devem ser anotadas na cifragem quando esta não é acompanhada de melodia.

Exercício 25 Você consegue achar treze erros?

■ Ritmo

Clichês rítmicos são as situações rítmicas reduzidas à máxima simplicidade para facilitar a leitura. Não utilizam ligadura. As mais comuns são:

I. pulsação binária

c. ocorre em: 2/4 2/8 3/4 4/4 (2/2) (3/2) ← só notas / mistura com pausas

II. pulsação ternária

a. ocorre em: 3/4 6/4 9/4

b. ocorre em: 3/8 6/8 9/8 12/8

Independentemente do tipo de compasso, os clichês ocupam 1 - 2 - 3 ou 4 tempos e, onde não são separados por barras de compasso, é conveniente pensar numa "barra imaginária". A barra imaginária divide o compasso quaternário em dois compassos binários e até mesmo separa um tempo de outro, especialmente em compassos compostos. O desmembramento do ritmo em clichês visuais ajuda a localizar as barras imaginárias e, com isso, ajuda a dividir o compasso em unidades fáceis, para que a leitura rítmica seja por *reflexo*, em vez de um somatório de valores.

Preste atenção como alterar ou combinar os clichês:

a. clichê não tem ligadura;
b. as barras imaginárias ou verdadeiras são atravessadas por ligaduras, quando houver combinação de clichês;
c. notas podem ser substituídas por pausas do mesmo valor, dentro das fórmulas dos clichês (ver exemplos acima);
d. não se deve pontuar pausa, exceto em compassos compostos como unidade de tempo, nem ser usada como figura central de um clichê de síncope, pois pausa é "contagem", é tempo de espera, bastante facilitada quando desmembrada em pulsações:

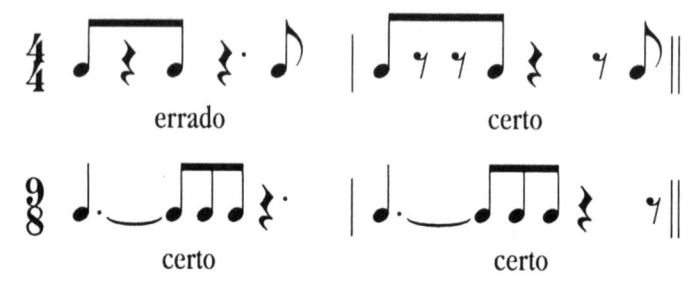

errado   certo

certo   certo

e. toda vez que um grupo de notas e/ou pausas, ocupando um tempo, um compasso ou metade de um compasso, possa ser organizado em clichê, a oportunidade deve ser aproveitada para facilitar a leitura:

errado   certo

f. qualquer clichê pode ser reduzido ou aumentado, com os valores proporcionais, para se adaptar a um compasso determinado (os três compassos abaixo, têm a mesma execução):

Exercício 26 a. Organize os grupos de valores em clichês:

b. Tente melhorar:

Exercício 27 Identifique os clichês combinados, separando-os com barra imaginária (barra tracejada ¦) ou reduzindo-os à sua forma primitiva, sem o uso de ligaduras ou pausas:

a.   clichê primitivo   b.

c.   d.

e.   f.

Exercício 28 Transforme os números em notas, compondo com elas compassos $\frac{4}{4}$:

simbologia: 1 = ♪ $\boxed{1}$ = 𝄾

exemplo: execução:

2 1 1 $\boxed{7}$ 1 4

exercício:

3 7 4 $\boxed{1}$ 2 2 2 2 1 $\boxed{3}$ 1 $\boxed{1}$ 4 1 $\boxed{1}$ 2 8 1 $\boxed{1}$ 11 $\boxed{3}$ 2 $\boxed{1}$

Exercício 29 Transforme os números em notas, compondo com elas compassos 9/8

simbologia: 1 = ♪ |1| = 𝄾

exemplo: execução:

2 1 |1| 1 2 |2|

exercício:

|4| 1 1 |1| 9 |1| 2 |1| 2 |3| 2 |8| 1

Representação espacial do ritmo

a. o espaço horizontal ocupado por uma nota ou pausa, deve ser proporcional à sua duração:

certo   errado

b. Notas longas, como semibreve ou mínima, devem ser anotadas no *início* do espaço para elas destinado (no momento do ataque):

certo   errado

c. Pausas longas, como semibreve ou mínima, devem ser anotadas no *meio* do espaço para elas destinado (pois não têm ataque):

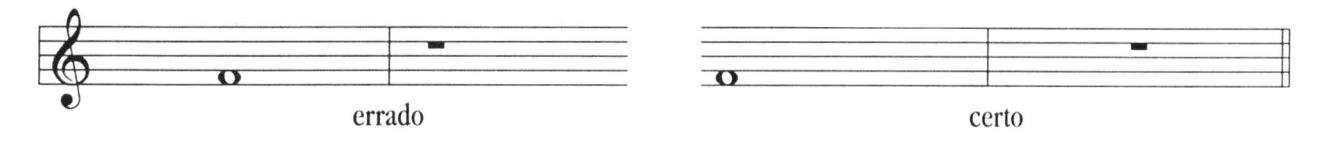

errado   certo

d. Cifra deve ser anotada no *início* do espaço para ela destinado, feito uma nota longa:

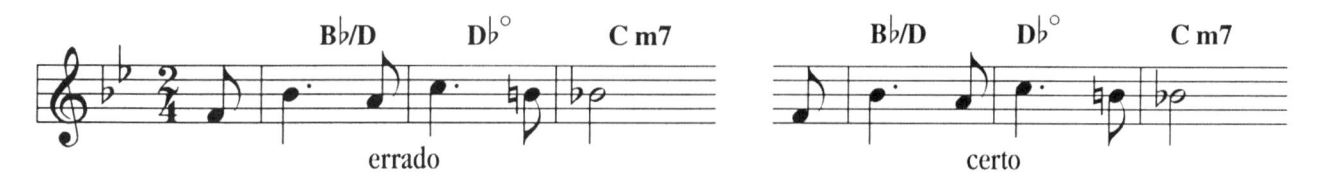

errado   certo

■ Sinais de repetição

Repetição de trechos. Cada letra abaixo representa um trecho da música, de tamanho qualquer, para estabelecer a ordem da execução dos mesmos.

notação: execução:

A A

A B B

A B A C D

A B C B D E

A B A

A B C B

A B A C

A B C B D

execução:

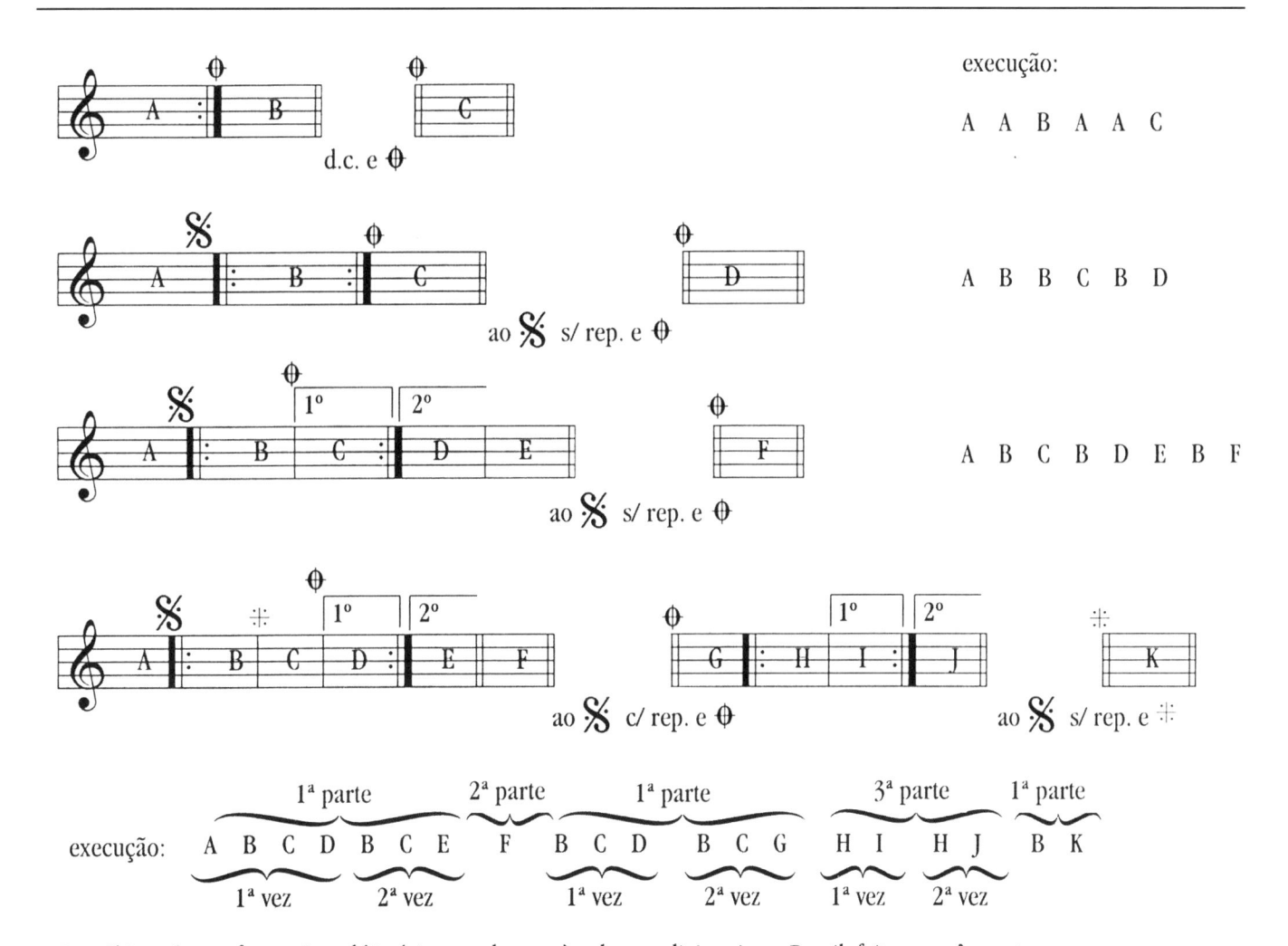

A A B A A C

A B B C B D

A B C B D E B F

	1ª parte	2ª parte	1ª parte	3ª parte	1ª parte
execução:	A B C D B C E	F	B C D B C G	H I H J	B K
	1ª vez 2ª vez		1ª vez 2ª vez	1ª vez 2ª vez	

Esta última é uma forma "rondó", típica ao choro e à valsa, tradicionais no Brasil, feita em três partes.

Repetição de compassos

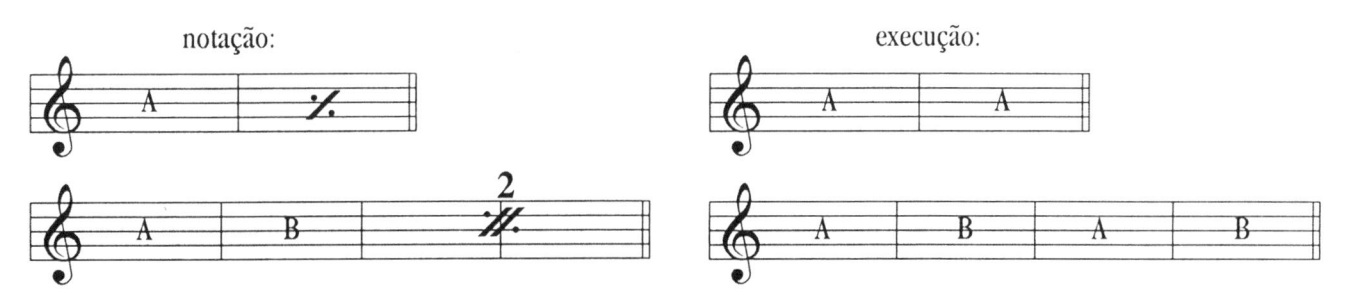

notação: execução:

Repetição de notas

notação: execução:

notação: execução:

B ◆ INSTRUMENTOS

1 Classificação pela emissão

Leitor: não queira encontrar abaixo todos os instrumentos musicais (que somariam um número bem superior aos idiomas e dialetos do mundo). Portanto, longe de querer fornecer informações enciclopédicas, apresentamos a seguir somente os instrumentos de uso *cotidiano*, incluindo alguns do folclore brasileiro e de outros povos mais afastados no espaço e no tempo.

O som é resultado da vibração do ar, ativada pela emissão do instrumento. O ar pode ser posto em vibração por coluna de ar vibrante, corda vibrante ou membrana vibrante, conforme o princípio físico do instrumento. Dentro de cada princípio físico é também incluído o modo pelo qual o meio vibrante é posto em movimento vibratório. Assim, temos a seguinte classificação rudimentar:

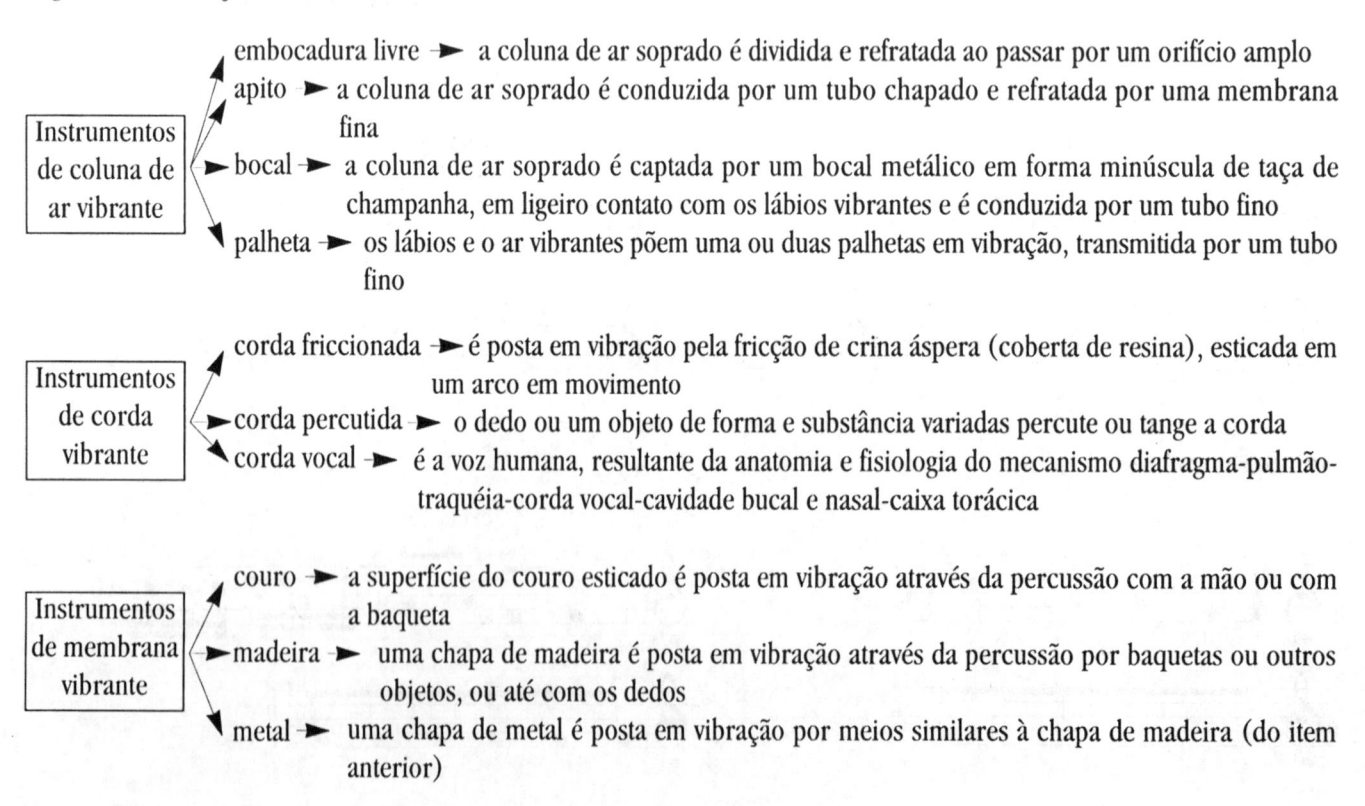

Instrumentos de coluna de ar vibrante
- embocadura livre → a coluna de ar soprado é dividida e refratada ao passar por um orifício amplo
- apito → a coluna de ar soprado é conduzida por um tubo chapado e refratada por uma membrana fina
- bocal → a coluna de ar soprado é captada por um bocal metálico em forma minúscula de taça de champanha, em ligeiro contato com os lábios vibrantes e é conduzida por um tubo fino
- palheta → os lábios e o ar vibrantes põem uma ou duas palhetas em vibração, transmitida por um tubo fino

Instrumentos de corda vibrante
- corda friccionada → é posta em vibração pela fricção de crina áspera (coberta de resina), esticada em um arco em movimento
- corda percutida → o dedo ou um objeto de forma e substância variadas percute ou tange a corda
- corda vocal → é a voz humana, resultante da anatomia e fisiologia do mecanismo diafragma-pulmão-traquéia-corda vocal-cavidade bucal e nasal-caixa torácica

Instrumentos de membrana vibrante
- couro → a superfície do couro esticado é posta em vibração através da percussão com a mão ou com a baqueta
- madeira → uma chapa de madeira é posta em vibração através da percussão por baquetas ou outros objetos, ou até com os dedos
- metal → uma chapa de metal é posta em vibração por meios similares à chapa de madeira (do item anterior)

Quadro de classificação pela emissão

Corpo vibrante	Meio da emissão	Detalhe técnico	Instrumentos
Coluna de ar	embocadura livre	simples	flauta, flautim, flauta em sol, flauta baixo, pífaro, quena
		múltiplo	flauta de Pã, sampoña
	apito	comum	flauta doce sopranino, soprano, contralto, tenor, baixo
		múltiplo	órgão de tubos
	bocal	tubo cilíndrico	trompete, trombone, trombone baixo
		tubo cônico	trompa, flugelhorn, bugle, tuba
	palheta	simples	clarinete, requinta, clarone, saxofones soprano, contralto, tenor, barítono
		dupla	oboé, corne-inglês, fagote, contrafagote
		múltipla	harmônio, órgão a palhetas
Corda	friccionada	com arco	violino, viola, violoncelo, contrabaixo
	tangida	com dedo	violão, guitarra, cavaquinho, harpa, bandolim, banjo, cítara, alaúde
		com palheta	violão, guitarra, cavaquinho, bandolim, banjo, cravo
	percutida	com martelo	piano
	vocal	feminina	soprano, meio-soprano, contralto
		masculina	tenor, barítono, baixo
Membrana	couro		bateria, caixa, grande caixa, bumbo, surdo, tonton, tambor, tamborim, tímpano, pandeiro, bongô, repique de mão, conga (tumbadora, atabaque), timbales, cuíca, tabla
	madeira		xilofone, marimba, clava, coco, reco-reco, maraca, caxixi, afoxé, wood block
	metal		vibrafone, celesta, carrilhão, sino, gongo, glockenspiel, agogô, ganzá, kalimba, cow-bell

2 | Quadro de extensão e transposição

Os instrumentos mais usados de som definido da orquestra moderna, em ordem da partitura, classificados em famílias e/ou naipes, com as respectivas extensões de som real, transposições, extensões anotadas e claves:

instrumento	som	transposição *	notação	claves
flautim em dó		8▼		
flauta				
flauta em sol		4▲		
flauta baixo		8▲		
oboé				
corne-inglês em fá		5▲		
requinta em mi♭		3m▼		
clarinete em si♭		2M▲		
clarone em si♭		9M▲		

* de som para notação

instrumento	som	transposição	notação	claves
fagote				
contrafagote		8↑		
trompa em fá		5↑		
trompete em si♭		2M↑		
trombone*				
trombone baixo				
flugelhorn em si♭		2M↑		
bugle alto em mi♭		6M↑		
bugle barítono em si♭		9M↑		
tuba em dó				

* O trombone é fabricado em si♭ mas anotado sem transposição (é preferível evitar a expressão "trombone em si♭" para não gerar dúvida)

instrumento	som	transposição	notação	claves
sax soprano em si♭		2M ↑		
sax alto em mi♭		6M ↑		
sax tenor em si♭		9M ↑		
sax barítono em mi♭		8+6M ↑		
flauta doce sopranino em fá*		8 ↓		
flauta doce soprano em dó		8 ↓		
flauta doce alto em fá*				
flauta doce tenor em dó				
flauta doce baixo em fá*		8 ↑		

* Observe que as flautas doce em fá são fabricadas em fá, mas anotadas sem transposição (exceto 8ª)

instrumento	som	transposição	notação	claves
órgão				
piano				
acordeon				
harpa				
celesta		8↓		
xilofone		8↓		
vibrafone		8↑		
tímpano pequeno				
tímpano médio				
tímpano grande				

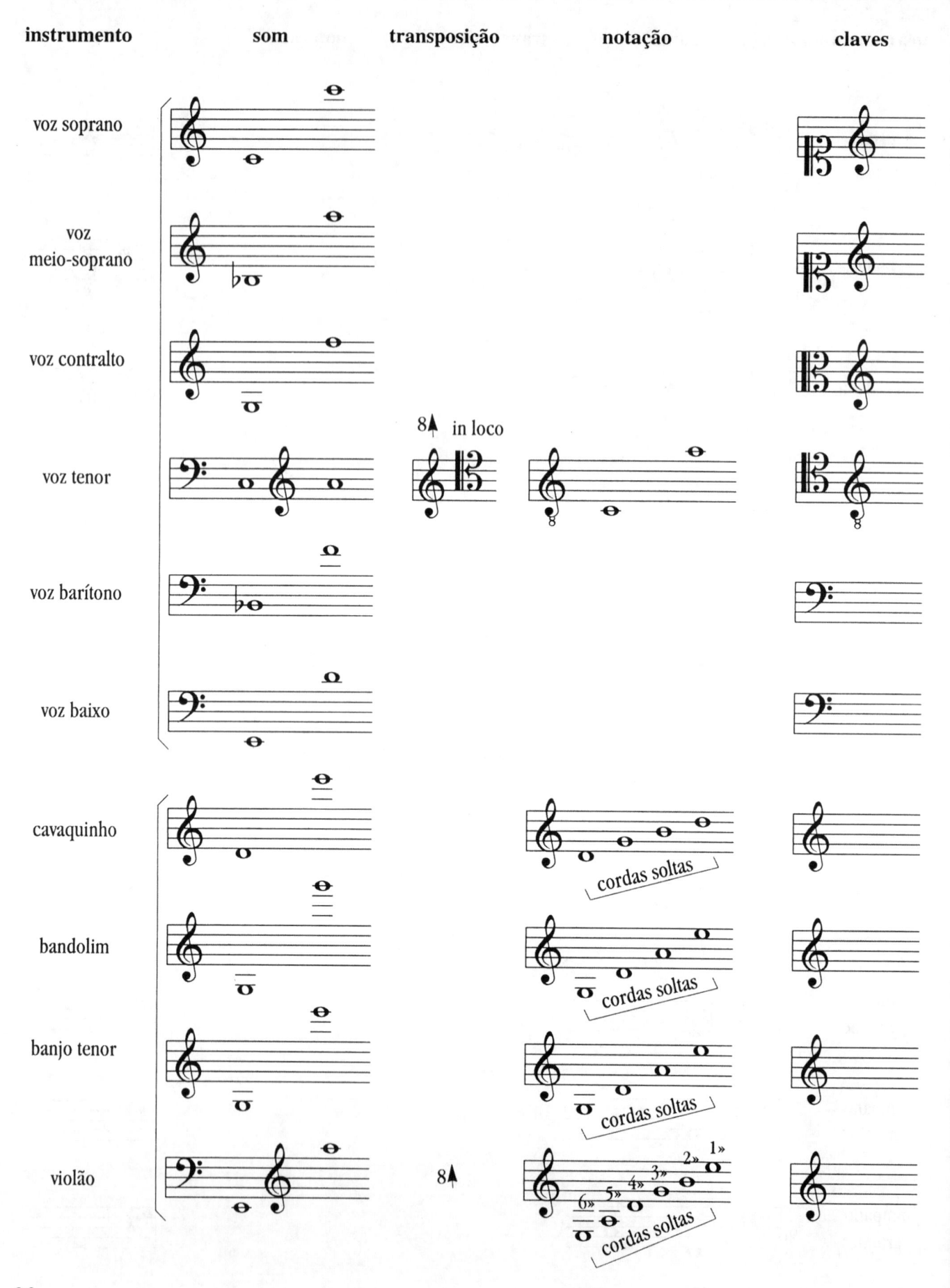

instrumento	som	transposição	notação	claves
voz soprano				
voz meio-soprano				
voz contralto				
voz tenor		8↑ in loco		
voz barítono				
voz baixo				
cavaquinho			cordas soltas	
bandolim			cordas soltas	
banjo tenor			cordas soltas	
violão		8↑	cordas soltas	

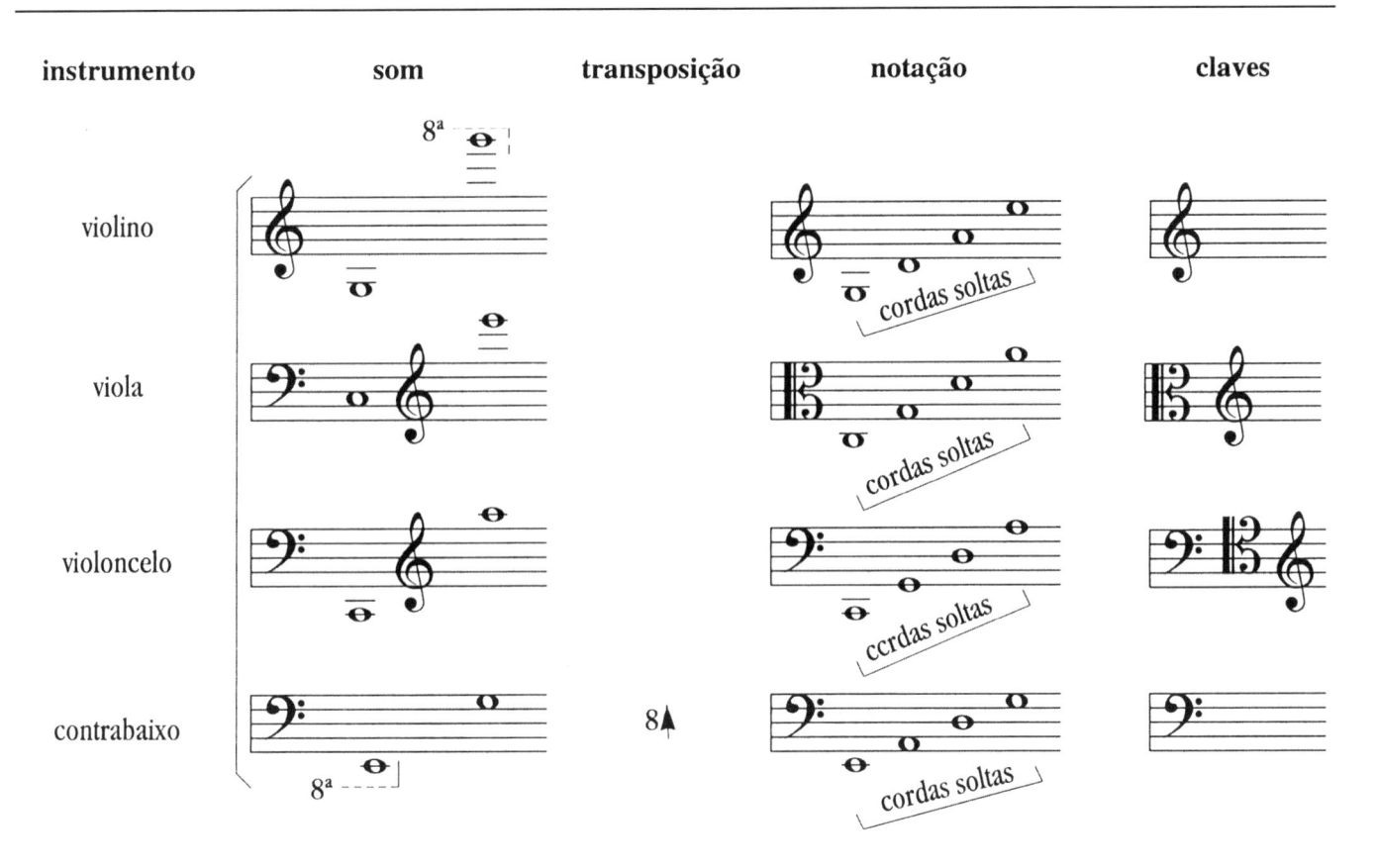

instrumento	som	transposição	notação	claves
violino			cordas soltas	
viola			cordas soltas	
violoncelo			cordas soltas	
contrabaixo		8↑	cordas soltas	

3 | Os instrumentos mais usados, extensão e transposição

As técnicas orquestrais podem ser aplicadas numa grande variedade de instrumentos e combinações, mas nós iremos, de início, usar alguns instrumentos comuns e acessíveis. A seguir, vemos suas extensões extremas e práticas, transposições e claves:

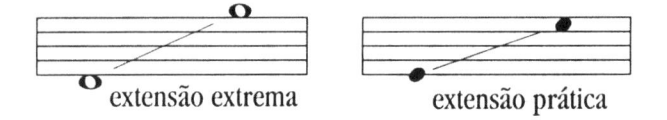

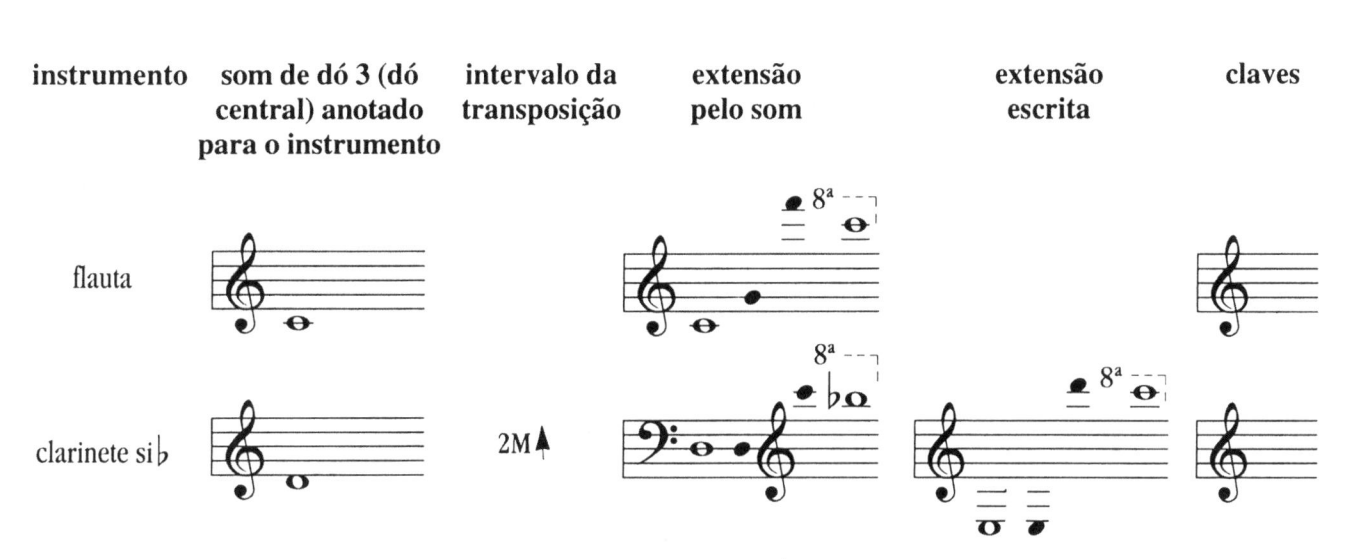

extensão extrema   extensão prática

instrumento	som de dó 3 (dó central) anotado para o instrumento	intervalo da transposição	extensão pelo som	extensão escrita	claves
flauta					
clarinete si♭		2M↑			

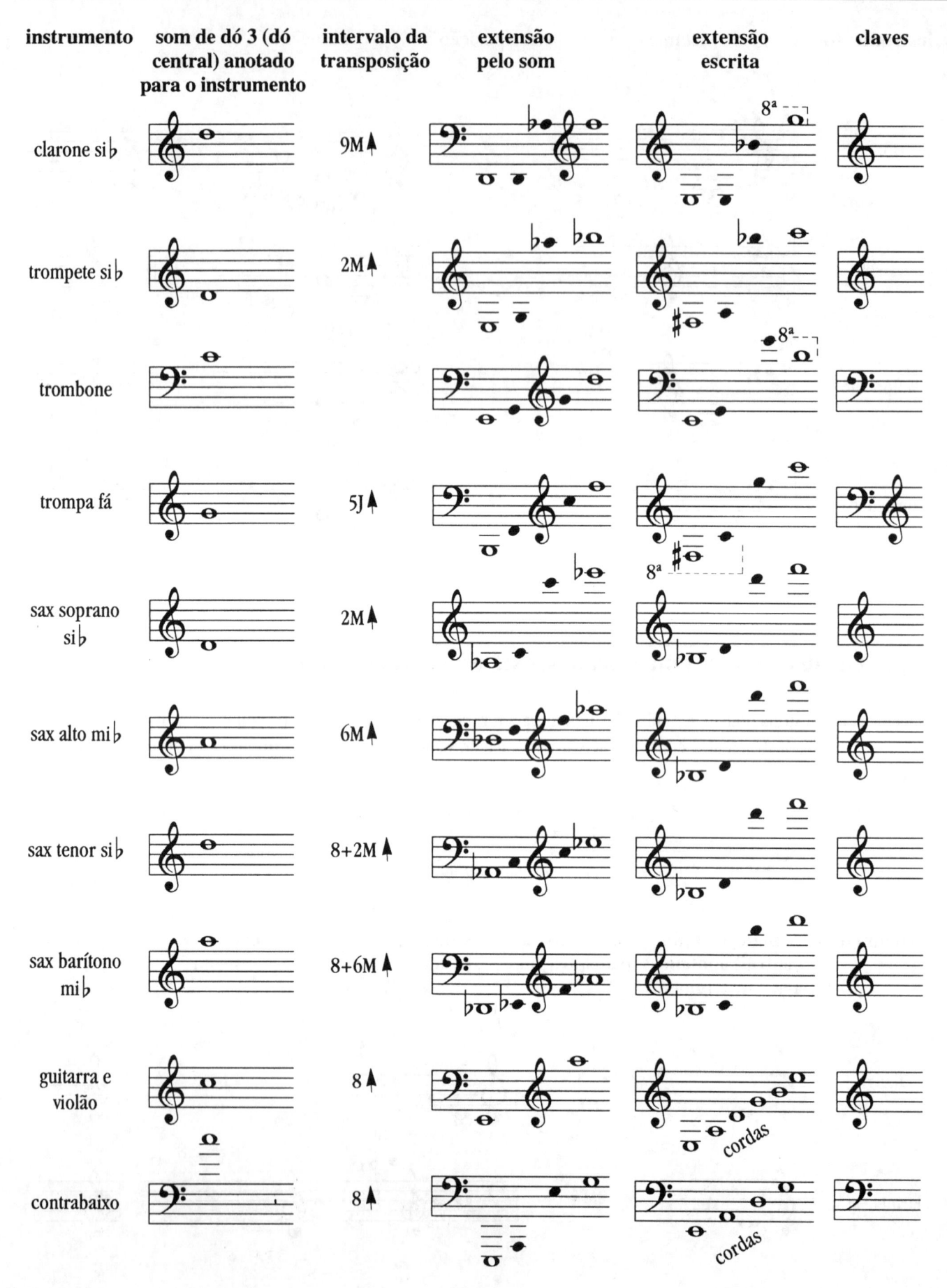

instrumento	som de dó 3 (dó central) anotado para o instrumento	intervalo da transposição	extensão pelo som	extensão escrita	claves
clarone si♭		9M ↑			
trompete si♭		2M ↑			
trombone					
trompa fá		5J ↑			
sax soprano si♭		2M ↑			
sax alto mi♭		6M ↑			
sax tenor si♭		8+2M ↑			
sax barítono mi♭		8+6M ↑			
guitarra e violão		8 ↑			
contrabaixo		8 ↑			

Exercício 30 Escreva o som dado para o instrumento indicado:

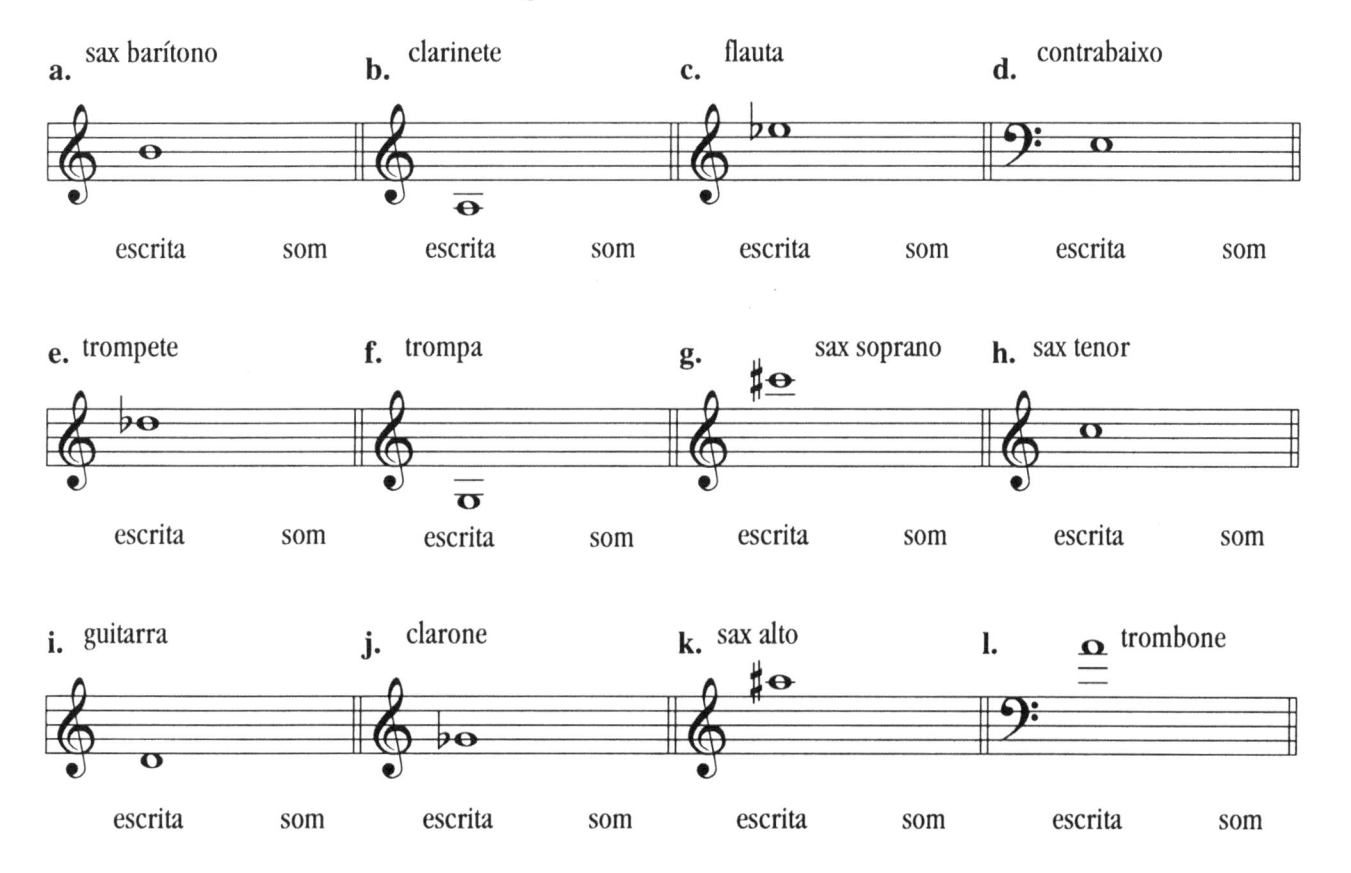

a. sax soprano   b. sax alto   c. guitarra   d. clarinete

som   escrita   som   escrita   som   escrita   som   escrita

e. contrabaixo   f. trompa   g. sax barítono   h. trompete

som   escrita   som   escrita   som   escrita   som   escrita

i. clarone   j. trombone   k. sax tenor   l. flauta

som   escrita   som   escrita   som   escrita   som   escrita

Exercício 31 Onde soam as notas escritas para os instrumentos indicados?

a. sax barítono   b. clarinete   c. flauta   d. contrabaixo

escrita   som   escrita   som   escrita   som   escrita   som

e. trompete   f. trompa   g. sax soprano   h. sax tenor

escrita   som   escrita   som   escrita   som   escrita   som

i. guitarra   j. clarone   k. sax alto   l. trombone

escrita   som   escrita   som   escrita   som   escrita   som

Exercício 32 Para qual instrumento foi transposta a nota de efeito?

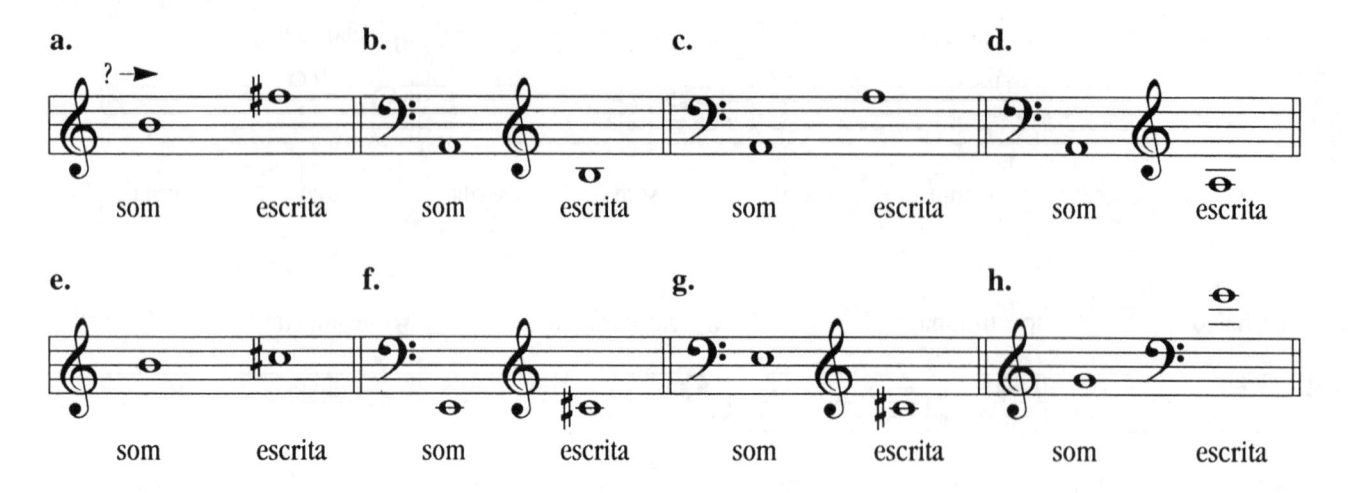

a. b. c. d.
e. f. g. h.

som   escrita   som   escrita   som   escrita   som   escrita

Exercício 33 Transponha o trecho de *Pigmaleão 70* (Marcos Valle) para os instrumentos indicados:

som

sax tenor

trompa

sax alto

som

sax tenor

trompa

sax alto

Exercício 34 Entre os instrumentos mais usados aprendidos, inclusive os de cordas, quais poderiam tocar os trechos abaixo, sem distorção de oitavas?

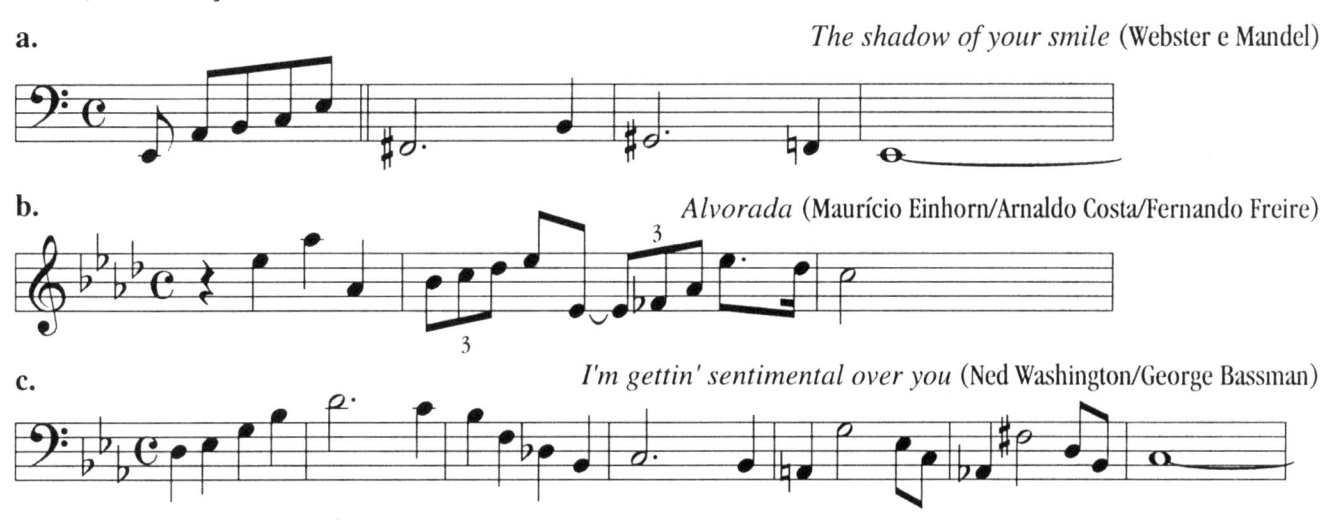

a. *The shadow of your smile* (Webster e Mandel)

b. *Alvorada* (Maurício Einhorn/Arnaldo Costa/Fernando Freire)

c. *I'm gettin' sentimental over you* (Ned Washington/George Bassman)

C ◆ FORMA

1 Forma da música

■ Forma simples

A canção pode ter uma única afirmação, indivisível como idéia, onde *o todo* é identificado como período e frase ao mesmo tempo. É como na literatura, onde o parágrafo e a frase, e até a oração, podem coincidir. A música da forma simples é repetida várias vezes, geralmente com letras diferentes. A forma simples pode ser representada pela letra **A** e sua repetição **A A A** ou ‖: **A** :‖

Exemplos: *A canoa virou, O barquinho ligeirinho, Carneirinho, carneirão, Parabéns pra você, Eu entrei na roda*

Mesmo que haja uma "respiração" no meio, a música ainda é "indivisível: *O cravo brigou com a rosa, Nessa rua, Cirandinha, Boi da cara preta, Marcha, soldado*

Exercício 35 Cite outras músicas de forma simples

■ Forma "Lied"

A forma "Lied" (= canção, em alemão) caracteriza a maioria das canções folclóricas e populares da Europa Ocidental e também os temas (exposições) das sonatas e sinfonias dos períodos clássico e romântico. Inspirada na simetria (característica do equilíbrio do classicismo), compreende duas partes de tamanho igual, com o final *suspensivo* da primeira e *conclusivo* da segunda parte, algo como pergunta e resposta. Cada parte também é subdividida em duas metades, sendo a primeira ligeiramente mais suspensiva no final ou quase emendada na segunda:

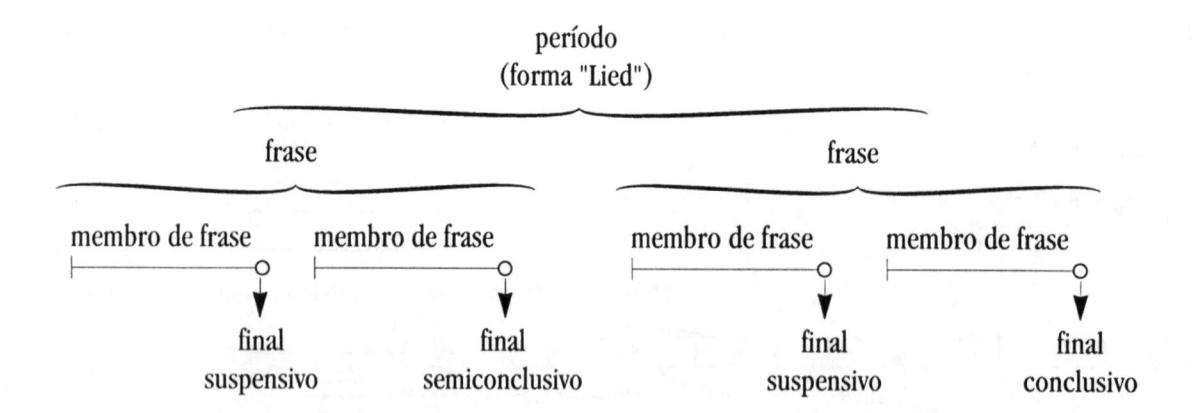

```
                        período
                     (forma "Lied")
         ┌─────────────────────────────────┐
              frase                frase
         ┌───────────────┐    ┌───────────────┐
  membro de frase  membro de frase  membro de frase  membro de frase
  ├──────────○     ├──────────○     ├──────────○     ├──────────○
         ▼                ▼                ▼                ▼
       final            final            final            final
     suspensivo     semiconclusivo     suspensivo       conclusivo
```

Exemplo de forma "Lied":

Vassourinhas   *Mathias da Rocha e Joana Batista Ramos*

[Partitura: período composto por 1ª frase (1º membro de frase com 1º e 2º motivos, final suspensivo/pergunta; 2º membro de frase com 1º e 2º motivos, final semi-conclusivo/resposta) e 2ª frase (1º membro de frase com único motivo, final suspensivo/pergunta; 2º membro de frase com 1º e 2º motivos, final conclusivo/resposta).]

Na simbologia da análise de forma, cada letra representa um membro de frase. Usaremos as letras **A B C D** etc. para designar o conteúdo musical. Por exemplo, **A B** representa dois membros de frase, sendo **B** de melodia diferente de **A**. **A A** representa a repetição idêntica do primeiro membro, **A A'**, a repetição com alguma modificação, geralmente no final. Por cima da letra colocamos o número de compassos do trecho, para efeito de comparação dos tamanhos dos membros de frase. Membros de frase de *tamanho igual*:

Exemplos: 8 8 8 8
     Esse seu olhar (Tom Jobim) A B A B'

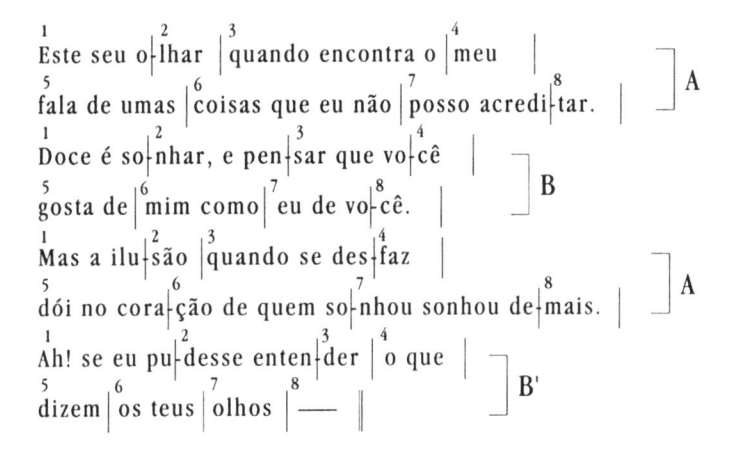

```
¹Este seu o|²lhar |³quando encontra o |⁴meu |
⁵fala de umas |⁶coisas que eu não |⁷posso acredi|⁸tar. |     ] A

¹Doce é so|²nhar, e pen|³sar que vo|⁴cê |
⁵gosta de |⁶mim como |⁷eu de vo|⁸cê. |                        ] B

¹Mas a ilu|²são |³quando se des|⁴faz |
⁵dói no cora|⁶ção de quem so|⁷nhou sonhou de|⁸mais. |         ] A

¹Ah! se eu pu|²desse enten|³der |⁴o que |
⁵dizem |⁶os teus |⁷olhos |⁸— ‖                                 ] B'
```

                    4 4 4 4
Gente humilde (Garoto) A B A' C (verifique você mesmo)

Entretanto, grande parte das canções na forma "Lied" apresenta *desigualdade* de *tamanho* entre seus membros de frase:

                         6 6 8 7
Samba da minha terra (Dorival Caymmi) A A B B

Samba da minha ‖¹terra deixa a gente |²mole, quando se |³canta todo mundo |
⁴bole, quando se |⁵canta todo mundo |⁶bole. Samba da minha ‖terra deixa a gente |
²mole, quando se |³canta todo mundo |⁴bole, quando se |⁵canta todo mundo |
⁶bole. Quem não gosta de ‖¹samba |²bom sujeito não |³é, |⁴é ruim da ca- |
⁵beça |⁶ou doente do |⁷pé. |⁸Eu nasci com o ‖¹samba |
²com o samba me cri-|³ei |⁴e do danado do |⁵samba |⁶nunca me sepa-|⁷rei ‖

                       8 8 16 8
Garota de Ipanema (Tom e Vinicius) A A B A' (verifique você mesmo)

Há ainda a forma "Lied" com a intenção da simetria, mas o *final* ligeiramente *estendido* para enfatizar a conclusão:

            8 8 12
Corcovado A B A C

Exercício 36 Analise, com letras e números de compassos, as músicas abaixo relacionadas, classificando-as, a seguir, nas três categorias aprendidas. A maneira mais prática para identificar as quatro partes é partir do todo ("período"), desmembrando-o em duas "frases", e estas em dois "membros de frases".

   Wave, Amazonas, The shadow of your smile, A banda, Desafinado, Samba de uma nota só, Casinha pequenina, O barquinho, Saudade da Bahia, Yellow submarine, Pai Francisco, Dom de iludir, Apelo

Exercício 37 Cite e analise outras músicas na forma "Lied".

Encontraremos, eventualmente, a forma "Lied" dividida em três partes apenas:

      8 10 13   10 10 15
Avarandado A B A   *Esse cara* A A B

■ "Lied" com introdução

É feita de uma primeira parte geralmente introdutória e uma segunda parte que é o refrão ou a parte mais evidente da música. Esta última é em forma "Lied", e a primeira tem a forma simples (repetida ou não) ou livre, ou ainda "Lied", sempre conduzindo ao refrão. Usemos as letras **X Y Z** para a análise da introdução e **A B C D** para o refrão.

           introdução   canção   introdução   canção
              ↓   ↓   ↓   ↓
Exemplos: *Dindi* X X ‖ A A B A   *Chega de saudade* X Y X' Z ‖ A B A' C

Exercício 38 Analise *Olelê-olalá, Hino ao amor, Maria Ninguém, Jealousie*

Exercício 39 Cite e analise outras músicas na forma "Lied" com introdução.

- Forma "rondó"

Os choros e valsas brasileiros tradicionais são estruturados em forma "rondó", com a estrutura **A B A C A** com algumas partes repetidas:

Odeon A A B B A C C A *Tico-tico no fubá* A A B B A C C A *Noites cariocas* A A' B B' B B' A A'

Exercício 40 Cite e analise outras músicas na forma "rondó".

- Forma livre

As partes da música podem vir em extensão variada e sem a repetição de idéias, como em *Vai passar* (**A B C D E F** etc.) e na maioria dos sambas-enredo, ou com a repetição irregular: *Águas de março* (**A B** em combinações livres). Pode não haver separação em partes, resultando num fluxo simples e ininterrupto da melodia lembrando a forma "prelúdio", de caráter introdutório, sem compromissos com simetria ou tamanho. Exemplos: *O que será, Samba da pergunta, Samba de rei*.

Exercício 41 Dê exemplos de músicas em forma livre.

2 Forma do arranjo

Ao planejar um arranjo, verifica-se a *forma* e a *duração* da música a ser arranjada. Conforme a duração que se pretende dar ao arranjo, toca-se a música uma vez, duas vezes, três vezes, uma vez e meia, etc. As montagens mais comuns aqui apresentadas, indicam o raciocínio para adaptar a forma da música à forma do arranjo pretendido. A palavra "chorus", usada por arranjadores e instrumentistas, significa a extensão da música tocada uma única vez, do ínicio ao fim. Assim sendo, as montagens mais comuns para arranjos são:

1 chorus
1 chorus e $1/2$
2 chorus
3 chorus

As músicas simples, e as de forma "Lied" sem e com introdução, vistas na unidade anterior, ficam assim organizadas, dentro da forma do arranjo:

forma do arranjo	forma da música		
	simples	Lied sem introdução	Lied com introdução
1 chorus	A	A B C D	X ‖ A B C D
2 chorus	A A	A B C D A B C D	X ‖ A B C D X ‖ A B C D
3 chorus	A A A	A B C D A B C D A B C D	X ‖ A B C D X ‖ A B C D X ‖ A B C D
1 chorus e $1/2$		A B C D C D	X ‖ A B C D A B C D

A forma "rondó" é a forma do próprio arranjo, sendo a música tocada na extensão de sua própria estrutura uma só vez: **A A B B A C A** ou semelhante.

Além dessas formas básicas, podem-se acrescentar ao arranjo os elementos:
- introdução (se não houver) ➤ antes do 1º chorus
- interlúdio ("intermezzo") ➤ a separar um chorus do outro
- final ("coda") ➤ após o útimo chorus

3 | Vocabulário de música anotada

MELODIA CIFRADA: versão condensada da música, anotada em sua forma mais simples, incluindo a melodia em 𝄞 e cifras

MELODIA IMPRESSA: versão publicada da música, vendida no comércio

PARTITURA OU GRADE: obra ou versão orquestral, anotada em toda a extensão e detalhes, para regência, com pauta individual para cada instrumento ou seção pequena de instrumentos

SISTEMA DE ONZE LINHAS: duas pautas em 𝄞 e 𝄢, ou seja, duas vezes cinco linhas mais a linha auxiliar "central" do **dó** central ou **dó 3**

sistema de onze linhas

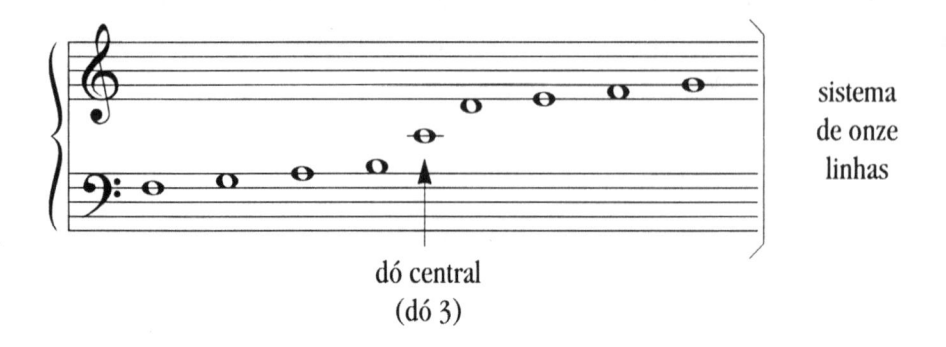

dó central
(dó 3)

REDUÇÃO DO ARRANJO OU PLANO DO ARRANJO: a idéia da orquestração escrita em um ou dois sistemas de onze linhas, facilitado para tocar ao piano; freqüentemente um estágio no feitio do arranjo; não é transposto para os instrumentos

PARTE: a notação relativa à execução de cada instrumento em separado, extraída da partitura do arranjo e transposta

PARTE EM SI♭: qualquer música com a transposição feita para instrumento transpositor em **si♭**

2ª PARTE

BASE, MAIS UMA E DUAS MELODIAS

A ◆ SEÇÃO RÍTMICO-HARMÔNICA (BASE)

1 A base

A base ou centro do som do conjunto ou da orquestra é o que os músicos chamam de "levada" rítmica, onde se mesclam os instrumentos de percussão (inclusive a bateria), por um lado e os instrumentos harmônicos (teclados, violões, guitarras, vibrafone, contrabaixo, etc.), por outro, formando a *seção rítmico-harmônica*. Essa combinação sonora a tal ponto depende do bom gosto na mistura dos elementos tímbricos, rítmicos e harmônicos que os músicos lhe conferiram o apelido carinhoso de "cozinha", local notório dos ingredientes bem dosados.

2 Contrabaixo

O acústico e o elétrico possuem quatro cordas, soando oitava abaixo da notação:

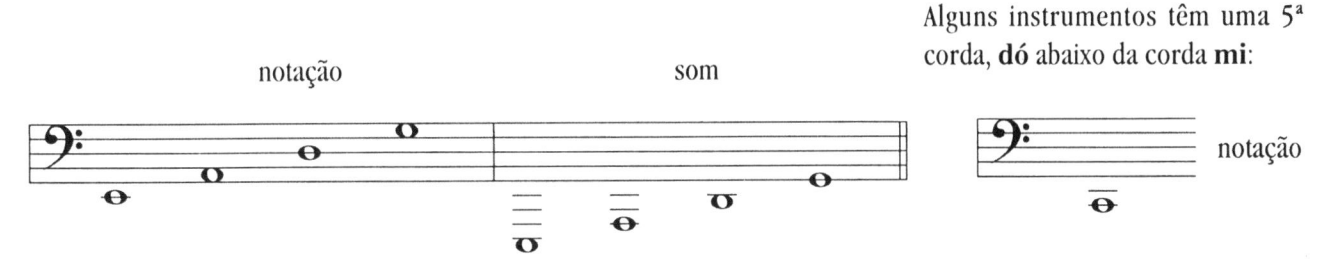

Alguns instrumentos têm uma 5ª corda, **dó** abaixo da corda **mi**:

Outros instrumentos têm uma 6ª corda, mais aguda, de **dó**

Em cada corda pode-se tocar uma oitava sem dificuldade ou até duas oitavas com sacrifício; portanto, a extensão pode chegar a:

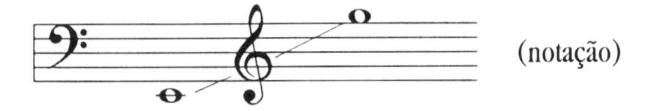

e as notas mais executadas são:

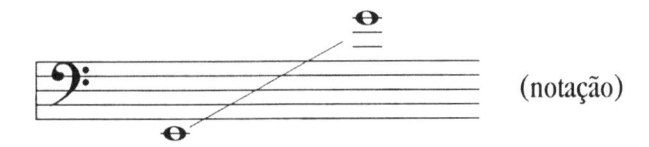

O contrabaixo executa o som mais grave da orquestra. É encarregado, dentro da seção rítmico-harmônica, de tocar os baixos dos acordes e notas de passagem que soam bem com os mesmos. Ao ler as cifras, o baixista usa o seu livre critério, não só na escolha dessas notas, mas também na figuração rítmica, integrando-se na pulsação da música. Quando há melodia definida ou convenção, a notação é feita em clave de fá.

Para ilustrar a execução das cifras, realizamos a seguir a progressão ‖: C7M E♭7 A♭7M D♭7 :‖ em alguns ritmos usados. A clareza harmônica, em todas as situações, é garantida, *atacando* cada cifra em sua *nota fundamental* e conduzindo a linha melódica através de notas características do acorde, não se esquecendo de se tratar de um canto (contracanto = canto a soar com outro canto, daí o nome de "contrabaixo" - soando na região baixa).

Alguns ritmos têm a sua fórmula básica:

Na execução, notas são acrescentadas e valores alterados, sem mudar a pulsação básica:

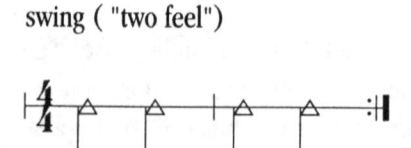

swing ("two feel")

swing com "walking bass" - baixo que caminha

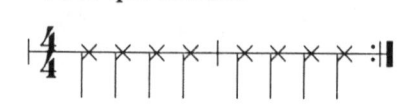

valsa

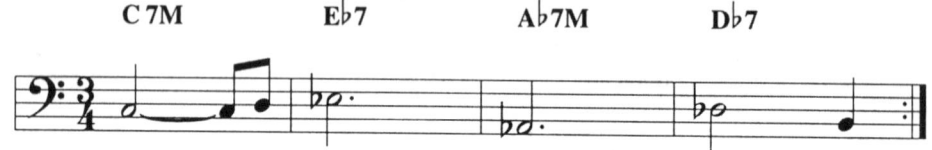

valsa jazz com "walking bass"

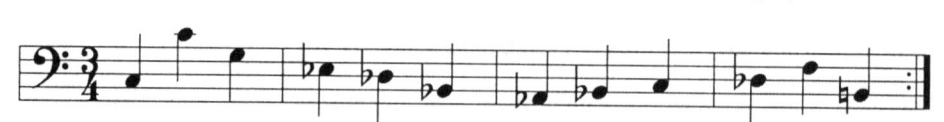

samba

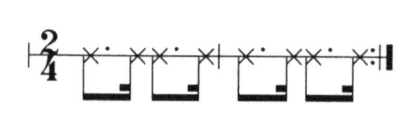

latino lento
(bolero, samba-canção etc.)

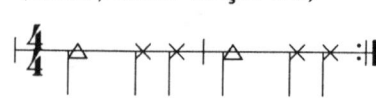

Outros ritmos não têm uma fórmula definida, mas têm uma pulsação:

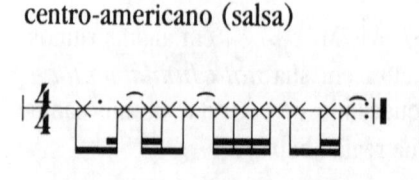

centro-americano (salsa)

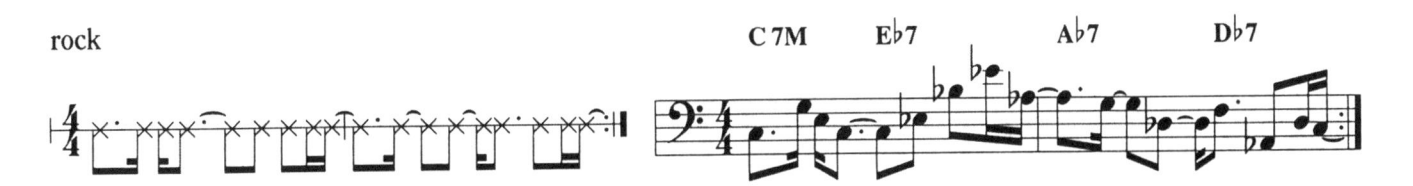

Quando o baixo da progressão harmônica for linear (o que é freqüente), as notas intermediárias do baixo, entre um e outro ataque do acorde novo, podem passear livremente, usando saltos:

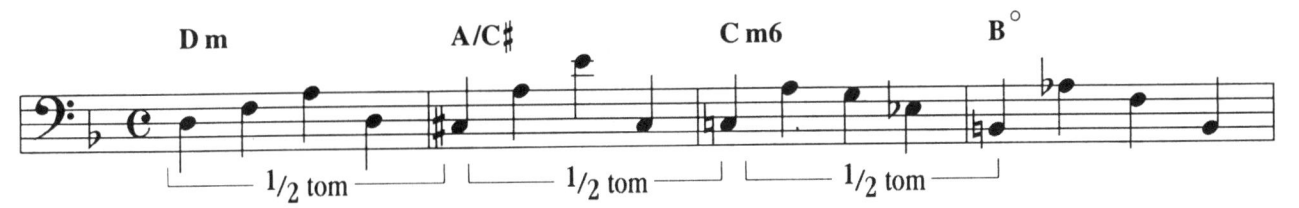

O *baixo pedal* é uma nota sustentada ou repetida com vários acordes e enriquece o som das progressões mais comuns, criando intervalos dissonantes com as notas do acorde. Quase sempre obedece a um padrão rítmico estabelecido, chamado "ostinato", indicado abaixo da cifra:

Exercício 42 Escreva um "walking bass" para a música de Duke Ellington e G. Gabler *In a mellow tone*:

Exercício 43 Escreva os baixos para a música *Someday my prince will come*, de Alf Clauden, com "walking bass" no 1º e 2º finais e "valsa jazz" nos primeiros oito compassos.

Exercício 44 Escreva os baixos para a música de Joe Henderson *Recordame*, com um ostinato do tipo "latino" na primeira parte (fórmula rítmica algo como:) e samba tipo "bossa nova" na segunda parte ( ):

Exercício 45 Escreva os baixos, em pulsação rock ou funk, para a música *Sunny*, de Bobby Hebb:

[Partitura musical com as cifras:
Em G7 C7 F#m7 B7 Em G7 C7 F#m7 B7
Em G7 C7M F7 F#m7 B7 Em A7 Em C7
repetir ½ tom acima]

Exercício 46 Escreva os baixos, em pulsação similar ao anterior, de *Hey Jude*.

Note-se ainda que o contrabaixo acústico, executado com arco ou *pizzicato* (cordas percutidas com dedo) e anotado em linha melódica independente, tem também a sua função importante na orquestra de cordas e na orquestra mista.

3 Guitarra e teclados

Além do contrabaixo, os instrumentos da seção harmônica são:
– guitarra e violões de 6 - 7 - 10 - 12 cordas, cavaquinho, bandolim, banjo
– piano acústico e elétrico, orgão, sintetizadores
– acessórios como vibrafone, xilofone, marimba, celesta, carrilhão
É conveniente consultar o quadro de extensão e transposição (págs. 52-57) quanto às coordenadas das notações respectivas.

Esses instrumentos são usados em caráter $\begin{cases} \text{melódico} \\ \text{harmônico} \end{cases}$

▪ Uso melódico

Podem tocar a linha melódica, individualmente ou combinados entre si, ou ainda com outros instrumentos.
– Combinações entre si no uníssono, na oitava e em bloco:
guitarra/contrabaixo, guitarra/piano, piano/contrabaixo, vibrafone/guitarra e grande variedade de dobramentos com instrumentos (teclados) eletrônicos.

– Combinação com outros instrumentos:

O som da maioria dos instrumentos da seção harmônica tem por natureza o ataque bastante acentuado em cada nota e a diminuição de densidade no prolongamento da nota. Com outros instrumentos (por exemplo, sopros ou violinos), acontece o contrário: menos ataque e mais sustentação do som nas notas prolongadas. Por isso, estes combinam bem com aqueles, em uníssono ou oitavas:

piano/flauta, guitarra/sax soprano, xilofone/oboé e vibrafone/trompete são alguns exemplos.

- **Uso harmônico**

A exemplo do contrabaixo, a escrita para guitarra, teclados e outros instrumentos harmônicos pode ser feita através de cifras, com indicação de gênero, estilo, clima, pulsação, etc., passando a integrar a parte harmônico-rítmica do arranjo, numa fusão de harmonia e ritmo.

Em casos onde a seção harmônica fica a cargo de contrabaixo/guitarra/piano, por exemplo, pode haver uma notação *única* para os três instrumentos, desde que nenhuma apresente informações diferentes das demais:

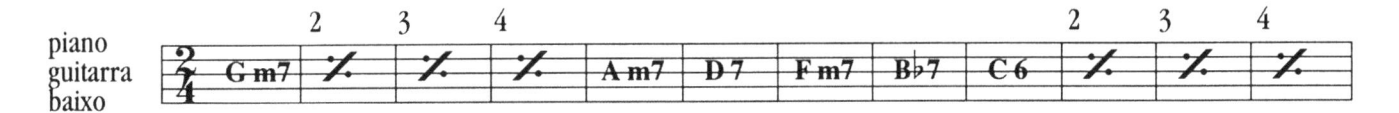

Nesse caso, é ainda possível caracterizar o estilo de acompanhamento de um ou outro instrumento, colocando palavras como "harmonia centro", "arpejos", "notas soltas no agudo", etc.

Quando cada instrumento requer informações específicas, as partes devem ser anotadas em pautas distintas:

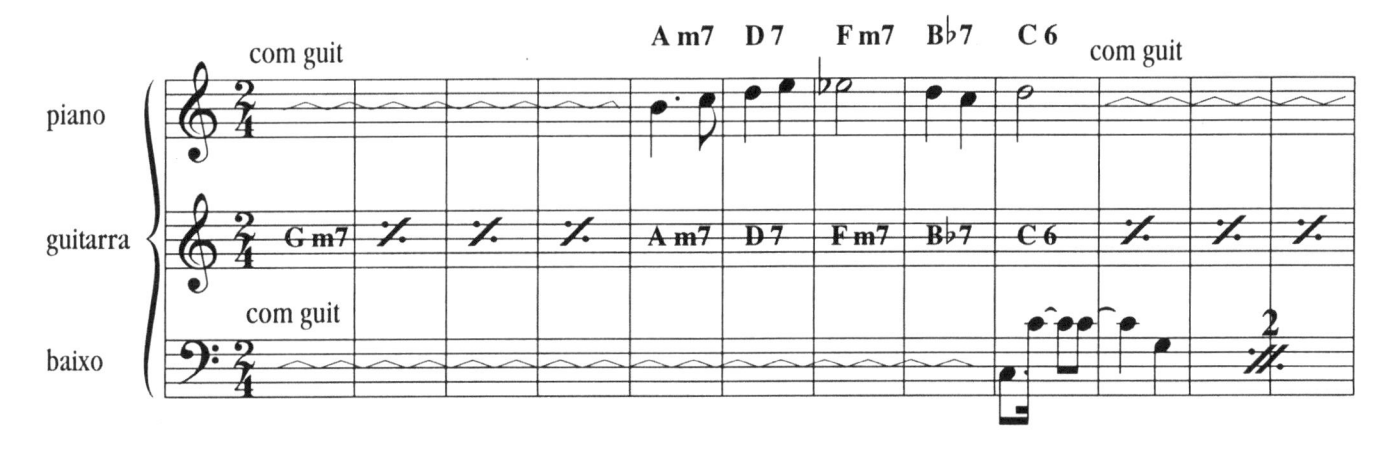

A parte de piano, quando mais elaborada, pode ser anotada em duas pautas (é útil incluir as cifras para melhor orientação):

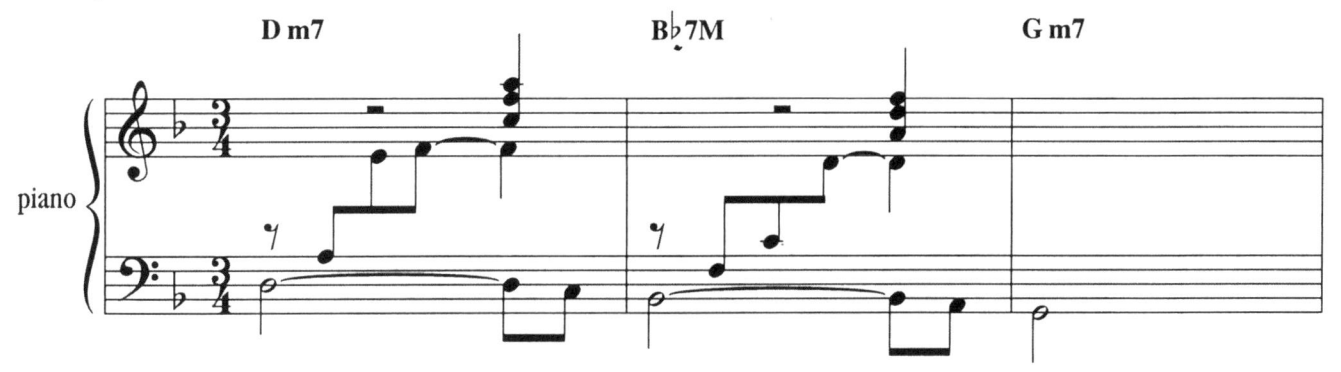

Contrabaixo com guitarra, em oitavas (atenção: o contrabaixo e a guitarra/violão são escritos uma oitava acima do seu som):

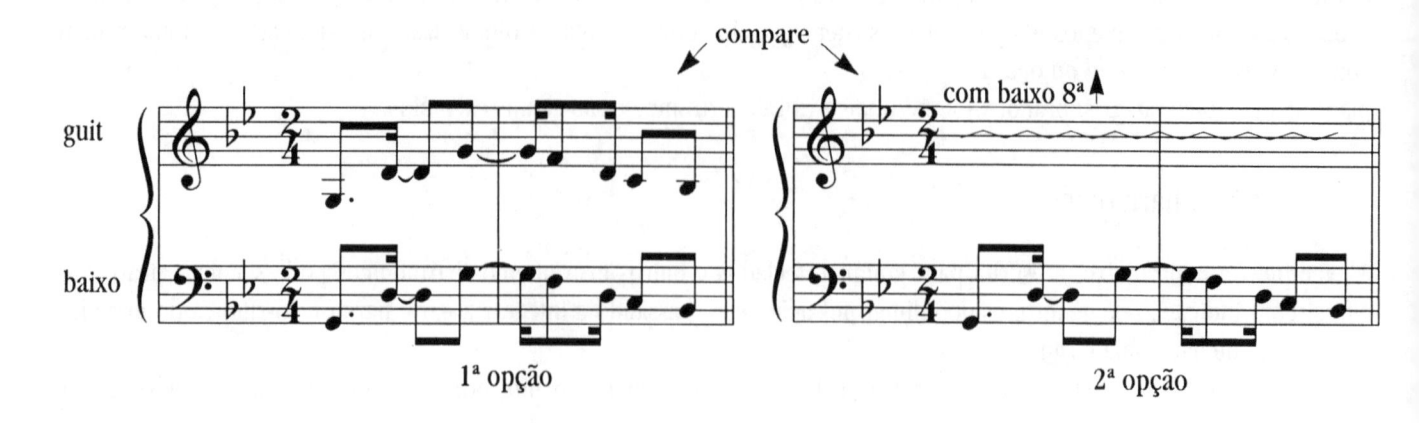

1ª opção   2ª opção

Contrabaixo com piano, em 10as paralelas (piano "in loco" – soa onde escrito):

- **Algumas observações sobre notação e cifragem**

1. As convenções rítmicas devem ser anotadas junto à cifragem (não confundindo com o balanço natural do acompanhamento, próprio a cada gênero, cujas antecipações e retardos *não* devem aparecer por escrito):

2. As convenções rítmicas, para não serem confundidas com notas de altura definida, não usam cabeças redondas de notas, mas podem ser anotadas assim:

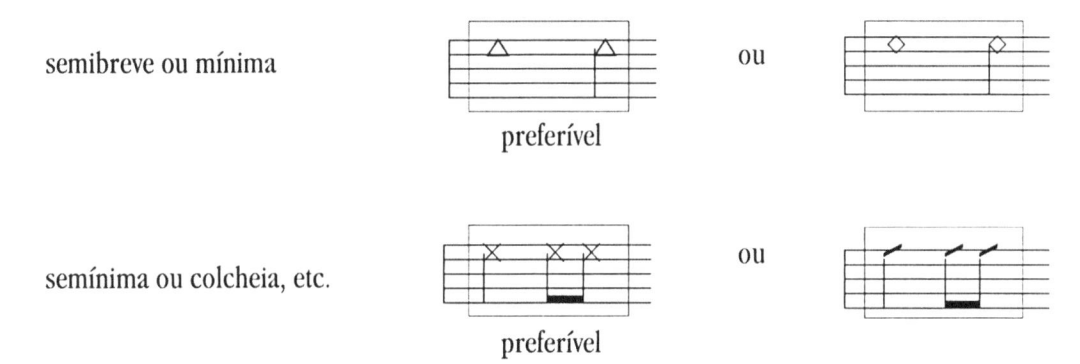

semibreve ou mínima — preferível — ou

semínima ou colcheia, etc. — preferível — ou

3. Linhas inclinadas junto às cifras definem o tempo que elas ocupam dentro de um compasso, caso haja mais de uma cifra:

$$\frac{4}{4} \; Gm7 \;\; C7 \; | \; F \;\; E\flat \;\; D7 \;$$

Caso os acordes tenham a mesma duração, as linhas inclinadas não são necessárias.

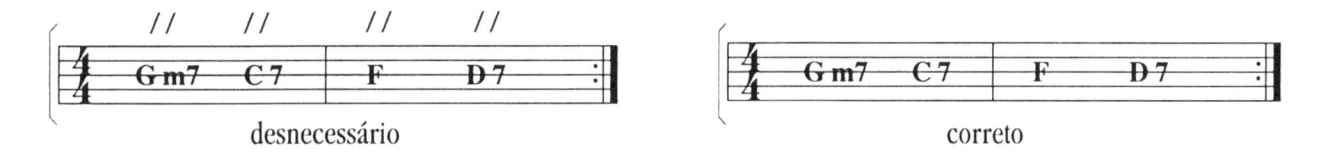

desnecessário — correto

4. O uso de barras inclinadas junto às cifras não deve ser confundido com convenções rítmicas:

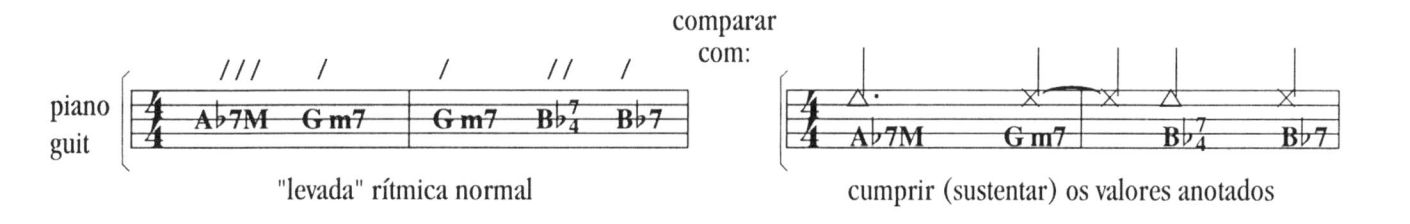

piano / guit

"levada" rítmica normal — comparar com: — cumprir (sustentar) os valores anotados

5. Notações opcionais das convenções, no contrabaixo:

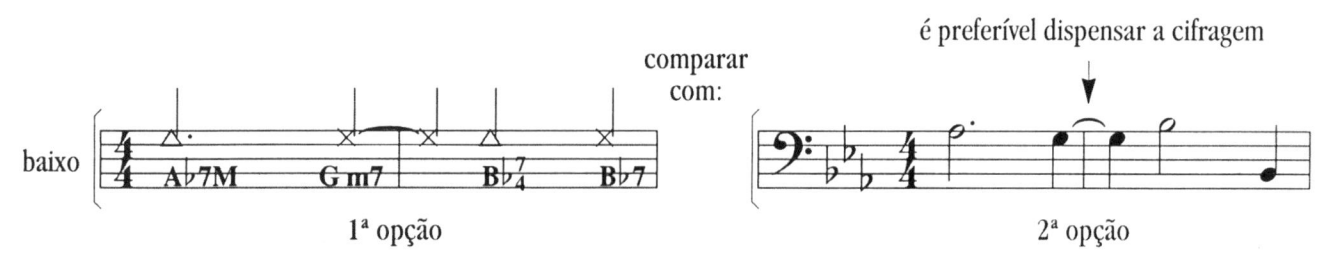

baixo

1ª opção — comparar com: — 2ª opção

é preferível dispensar a cifragem

6. A guitarra, o piano ou outro instrumento harmônico tocam os acordes dentro da batida ou "levada" própria para cada gênero ou clima, conforme indicação no início. É possível definir nos primeiros compassos da partitura a célula rítmica desejada, escrevendo "símile" ou "segue" logo após (para indicar a continuação da idéia), passando então ao uso exclusivo de cifras:

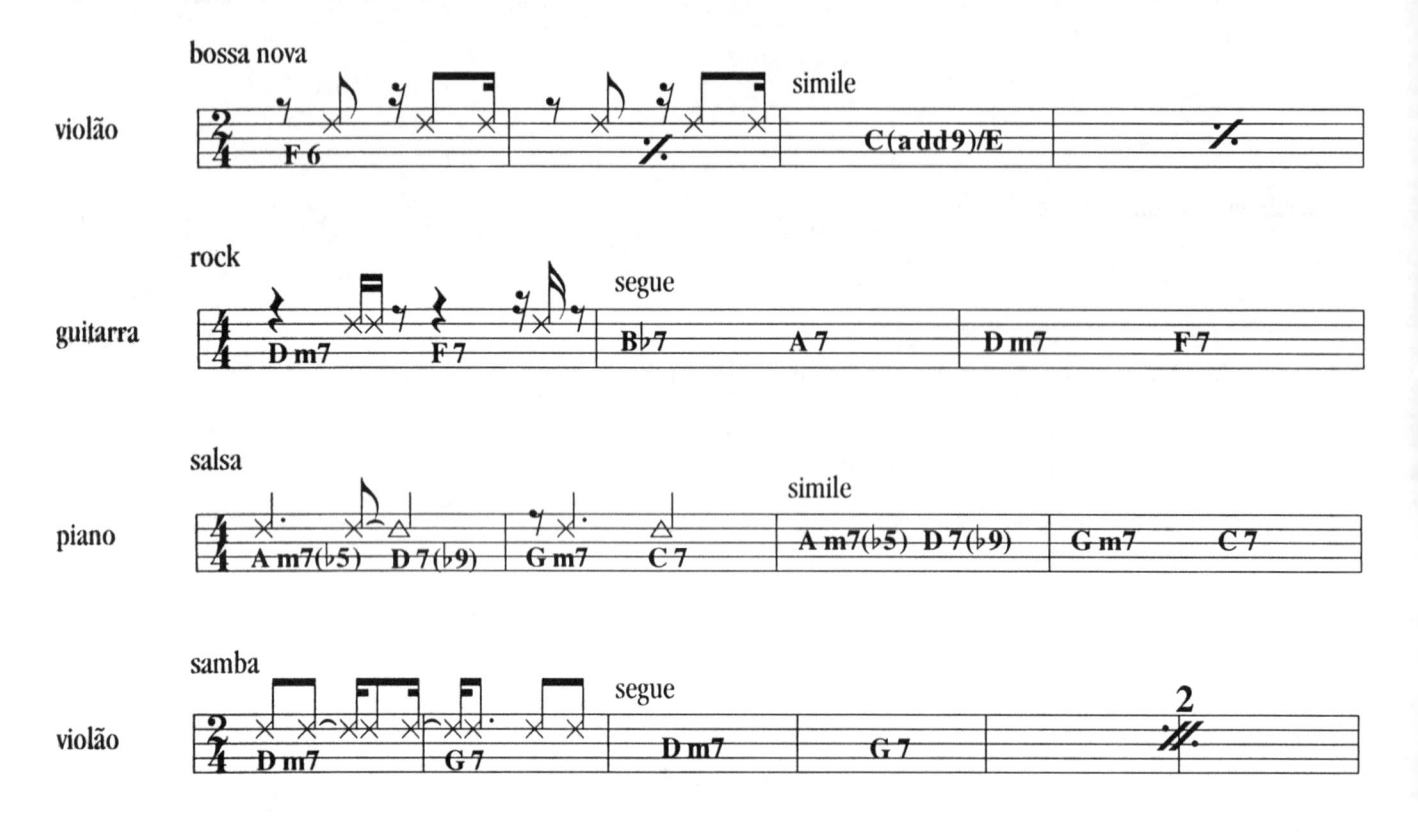

[Exemplos musicais: violão (bossa nova) com F6, C(add9)/E; guitarra (rock) com Dm7, F7, B♭7, A7, Dm7, F7; piano (salsa) com Am7(♭5), D7(♭9), Gm7, C7; violão (samba) com Dm7, G7.]

---

4 | Bateria e percussão

No presente estudo, um dos critérios é concentrar as atenções sobre os aspectos consagrados pela prática e dispensar os dados complementares, evitando a linguagem enciclopédica que tanto vem elitizando o ensino musical. No momento de tratar dos elementos percussivos – extremamente variados e complexos que incluem não só os instrumentos industriais e artesanais, como também suas réplicas e sofisticações eletrônicas –, ficaremos restritos a pouco mais que uma simples enumeração dos instrumentos mais usados dessa categoria, além da caracterização da bateria, entre eles o mais complexo e empregado em formações maiores.

O tímpano, xilofone, marimba, vibrafone, celesta, piano, sinos tubulares e outros instrumentos percutidos e de altura definida, são empregados melódica e percussivamente pelos compositores contemporâneos. Discutimos o seu uso melódico em outras partes deste livro e dispensamos os comentários do seu uso percussivo, pelas razões acima citadas.

- **Bateria**

É um jogo de tambores e pratos de tamanhos e qualidades variados, acionados, através de baquetas e pedais, por uma única pessoa.

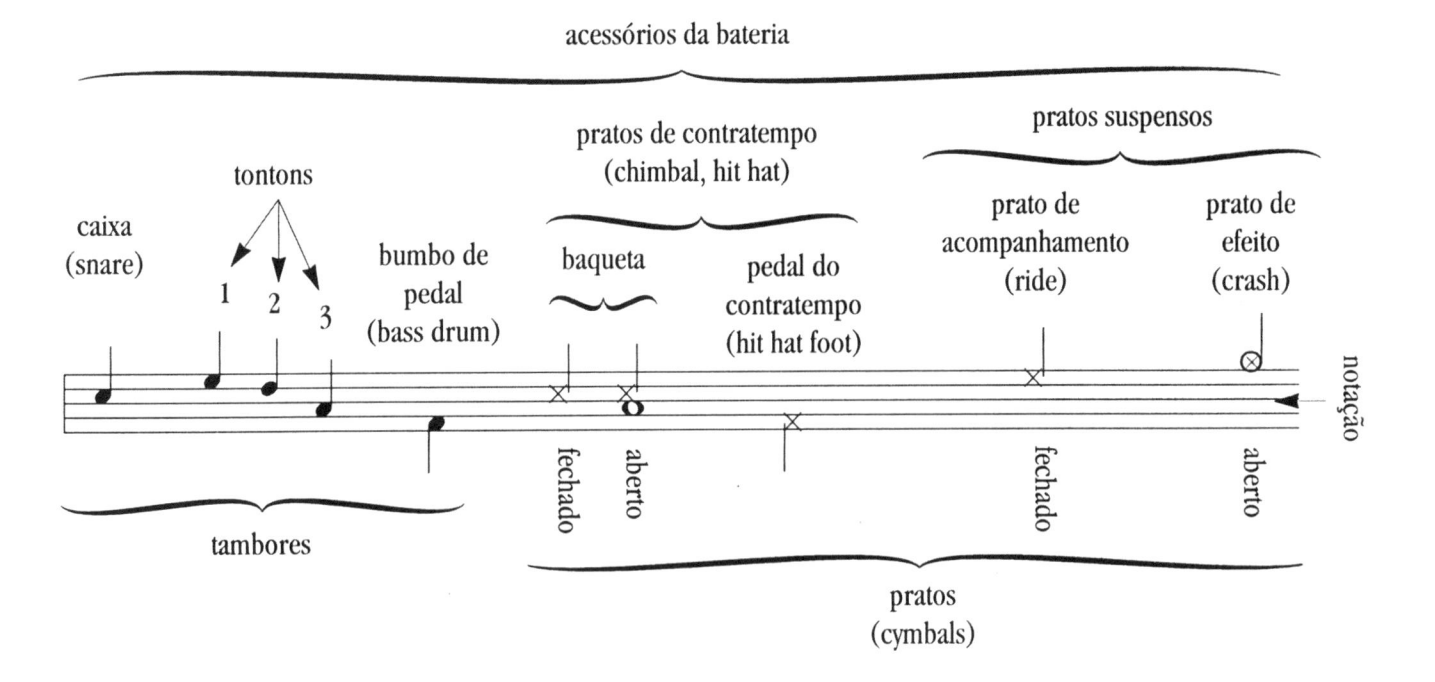

A *caixa* é um tambor raso com a pele em ambos os lados e uma esteira de aço em um dos lados, com dispositivo para vibrar ou não. Os *tontons* são tambores de tamanhos diferentes, produzindo sons de alturas variadas. O *bumbo de pedal* é um tambor grande, acionado por pedal, com o som grave. Os *pratos de contratempo* são um par de pratos montados horizontalmente sobre um pedestal, comandados em som aberto ou fechado por um pedal e percutidos por baquetas. Os *pratos suspensos* são de tamanhos e número variados, montados sobre pedestais e suportes.

As expressões "aberto" e "fechado" indicam se a vibração é permitida ao corpo do instrumento ou é impedida por meio de um objeto encostado nele.

A bateria, por si só, tem a complexidade sonora de uma orquestra inteira de percussão e sustenta o ritmo de orquestras de todos os tamanhos, podendo ser complementada por instrumentos de percussão. Por conter múltiplos acessórios e múltiplas possibilidades de execução, as atribuições e notações costumam não passar de *esboços* de idéias, deixando a definição a critério do baterista.

Antes de apresentar uma escrita desse tipo, vejamos uma notação *detalhada*, para que se tenha idéia da execução:

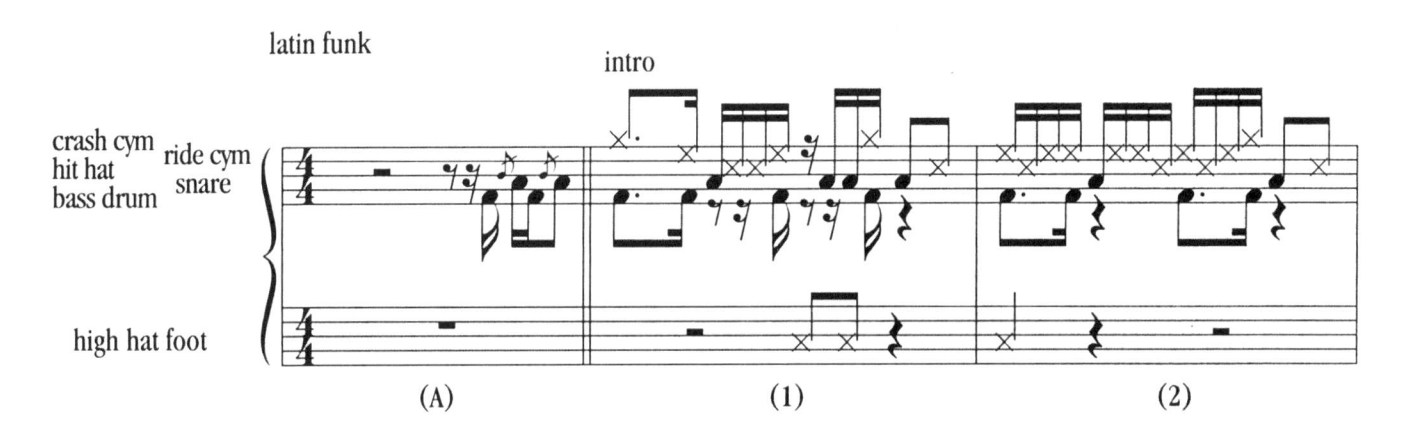

Observe uma ligeira alteração na altura dos sinais gráficos estabelecidos. Na polirritmia (simultaneidade de ritmos), o importante é a relatividade das alturas gráficas e não o local exato da notação.

O mesmo trecho, em sua forma esboçada ou resumida (incluindo informações sobre a participação dos demais músicos da banda como referência):

latin funk faixa 01

O baterista, em sua parte escrita, deve ser informado do gênero da música, do tipo do ritmo, do peso da batida e qualquer detalhe de dinâmica e velocidade, além dos simples desenhos rítmicos e da indicação do compasso. Deve também encontrar referências em relação aos instrumentos solistas ou naipes, com as divisões marcantes, para que ele possa *sublinhar* os ataques e *preencher* os espaços do silêncio. Alguns desses momentos são as chamadas *convenções*, com participação definida e outros são do critério do baterista. Enfim, a parte da bateria é uma espécie de redução da partitura orquestral, onde o baterista percebe o seu espaço.

Quando se trata de uma simples "levada" rítmica, característica de um certo gênero, é suficiente uma notação extremamente simples, destacando dois ou quatro compassos de "amostra" e convenções ocasionais:

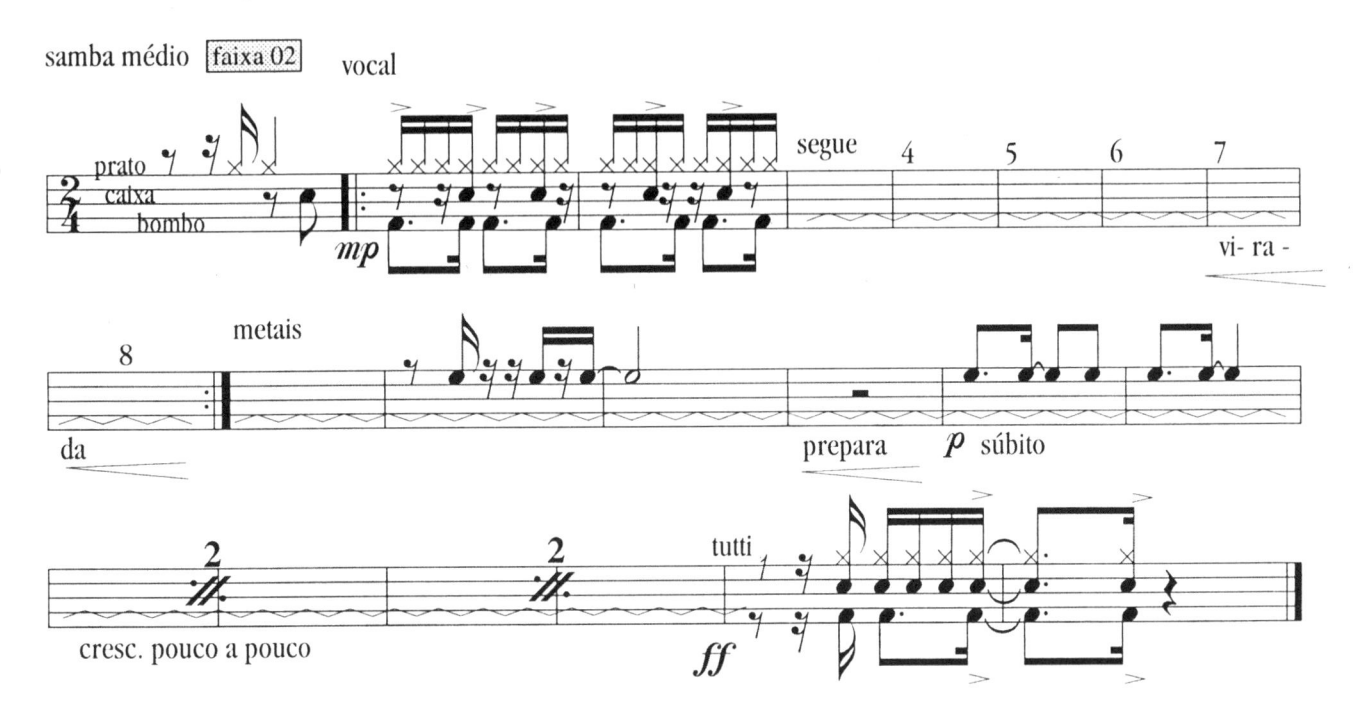

A linha ondulada simboliza a continuidade da batida, da "levada".

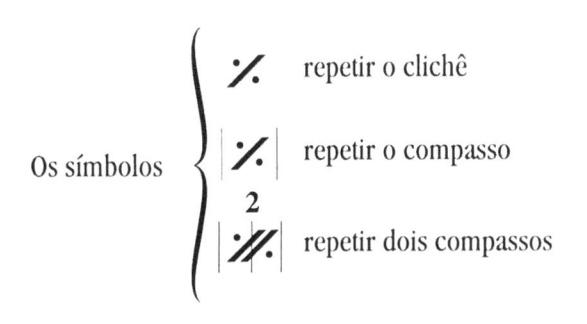

Os símbolos
- ⁒ repetir o clichê
- |⁒| repetir o compasso
- |⁒⁒|² repetir dois compassos

são destinados à repetição de células rítmicas determinadas e não devem ser usados no sentido da continuidade da batida. A linha ondulada, contínua por muitos compassos, deve ser acompanhada pela numeração discreta dos compassos, junto à barra, a contar desde o início do desenho (ver acima). O símbolo ⊢8⊣ é pausa por oito compassos e não "tocar oito compassos". Evitemos o símbolo ∼8∼ ou outros de interpretação duvidosa. Se a parte da bateria for simples (como a do último exemplo), poderá também ser usada pelos percussionistas, desde que não haja instruções específicas.

Exercício 47 Reduza a parte de bateria, anotada na página anterior, a uma notação simplificada, semelhante a este último exemplo.

A notação para bateria e percussão parece ser, entre todas, a que mais exige criatividade gráfica e até psicológica do arranjador; deve transmitir ao executante mensagem clara e precisa, apesar de pouco detalhada.

Os gêneros populares apresentam pelo menos quatro tipos de *pulsação básica*, trazendo, cada um, ampla variedade de acentuações, velocidades e climas. Eis alguns exemplos de desenhos rítmicos esboçados para a bateria (em cada pulsação básica, módulos a repetir *ad infinitum*):

1. Pulsação sincopada brasileira (samba). Exemplos de Airto Moreira

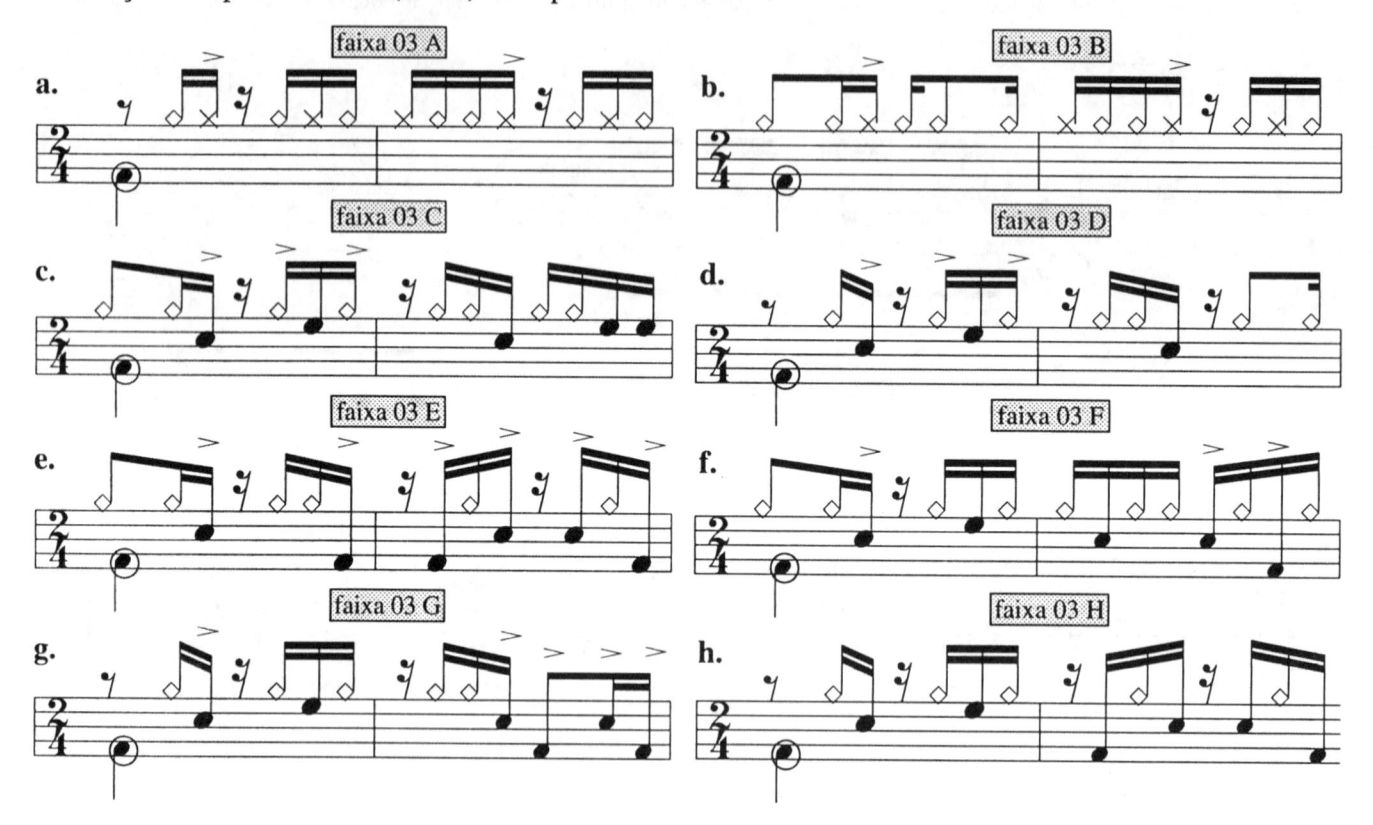

2. Pulsação sincopada centro-americana (cubana, no exemplo):

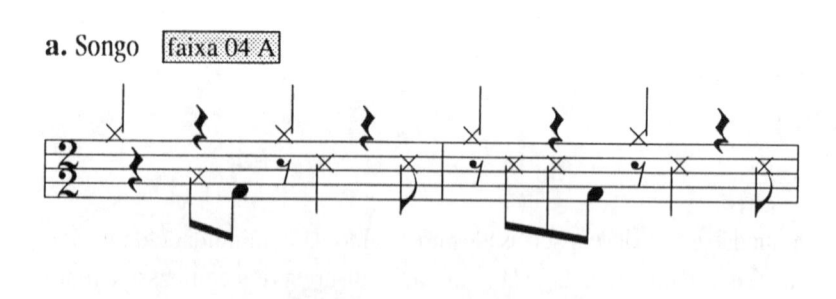

a. Songo

b. Wuawuanco 1

c. Wuawuanco 2 (salsa) [faixa 04 C]

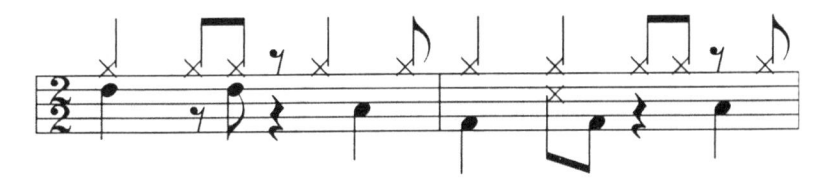

3. Pulsação swingada (jazz, USA) [faixa 05]

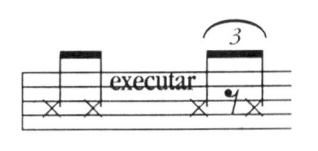

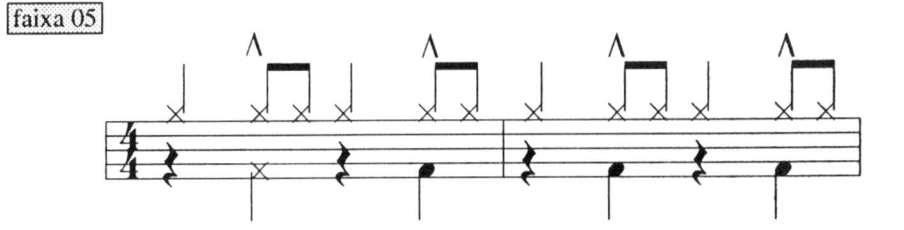

4. Pulsação funkeada [faixa 06]

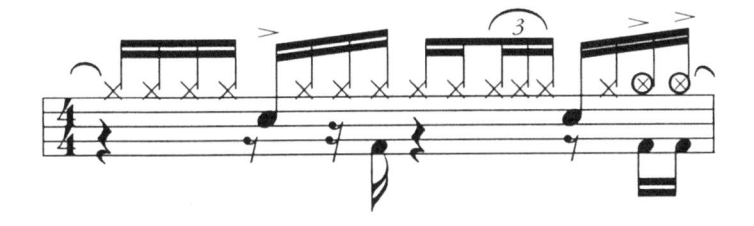

- Instrumentos de percussão

O quadro da página seguinte inclui seleção dos instrumentos de percussão mais usados nos ritmos populares e **folclóricos** ocidentais (da América Latina, em particular), com algumas de suas características quanto a confecção, **manuseio e som**.

INSTRUMENTO DE PERCUSSÃO	CORPO VIBRANTE			MEIO DE ACIONAR			FONTE DO RUÍDO			NATUREZA DO SOM			DESCRIÇÃO
	pele	madeira	metal	baqueta	vareta	mão	batida	fricção	entrechoque	seco	ressonante	sustentado	
afoxé	X					X	X					X	coco pequeno com cabo, coberto por rede de contas
agogô			X	X			X			X	X		duas campânulas de ferro
atabaque	X				X	X	X				X		tambor alongado cônico ou cilíndrico, pele num lado
berimbau			X		X		X			X			arco de madeira, corda de aço esticada, cuia, caxixi, moeda
bongô	X			X		X	X			X			um par de congas de tamanho reduzido
bumbo ou bombo	X			X			X				X		um par dos tambores de duas peles, também de pedal
caixa	X			X			X			X			tambor raso com esteira de aço em um lado
castanhola		X							X	X			um par de blocos de madeira circulares, presos por corda
caxixi		X				X	X			X			chocalho de cesta, cônico, recheado de sementes ou pedras
chocalho			X			X	X			X			cilindro de metal, recheado de pedacinhos soltos de chumbo
clave ou caixeta		X				X	X			X			bloco maciço de madeira, com entalhe profundo
coco		X				X	X					X	coco ou cabaça
cow-bell ou sino de boi			X	X			X			X			grande campânula de metal, com badalo no interior, feito sino
cuíca	X				X		X	X		X			tambor cilíndrico de metal, pele num lado, vibra por fio de tripa friccionada
frigideira			X	X			X					X	frigideira pequena, percutida por vareta de ferro
ganzá			X		X		X	X		X	X		chocalho grande
gongo			X	X			X	X			X		prato grande, pendurado verticalmente em estante
maraca		X			X	X	X			X			dois chocalhos de coco, recheados de sementes ou pedras
pandeiro	X					X	X	X			X		pele sobre aro dotado de rodelinhas metálicas para chacoalhar
prato			X				X	X	X		X	X	suspenso, de choque, de soquete ou de contratempo
reco-reco		X			X		X	X		X	X		bambu entalhado transversalmente, vareta em sentido longitudinal
repique	X			X		X	X			X			pequeno tambor surdo
surdo	X			X			X				X		caixa funda com pele nos dois lados
tamborim	X			X			X			X			pele sobre aro pequeno
tarol	X			X			X			X			caixa pequena
triângulo			X		X		X			X	X		de aço ou ferro, a ressonância controlada pela mão
tumbadora ou conga	X				X	X	X			X	X		atabaque grande, usado aos pares
zabumba	X				X		X				X		bumbo pequeno

A notação para os instrumentos de percussão deve indicar o desenho rítmico a ser executado:

bongô

Mesmo os instrumentos que produzem som seco (ver quadro da página anterior) podem executar sons prolongados, por meio de rufo (rulo) ou trêmolo, por meio de golpes leves e rápidos com as duas baquetas, varetas ou mãos ou, ainda, fazendo as varetas ou baquetas resvalarem rapidamente sobre a superfície percutida.

grafia:

Não confunda esse símbolo com a notação abreviada para notas repetidas:

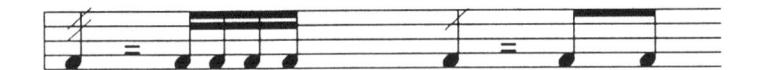

onde a duração de cada nota é definida. Essa notação é perigosa por ser pouco difundida.

O uso simultâneo de instrumentos de percussão é anotado em vários pentagramas:

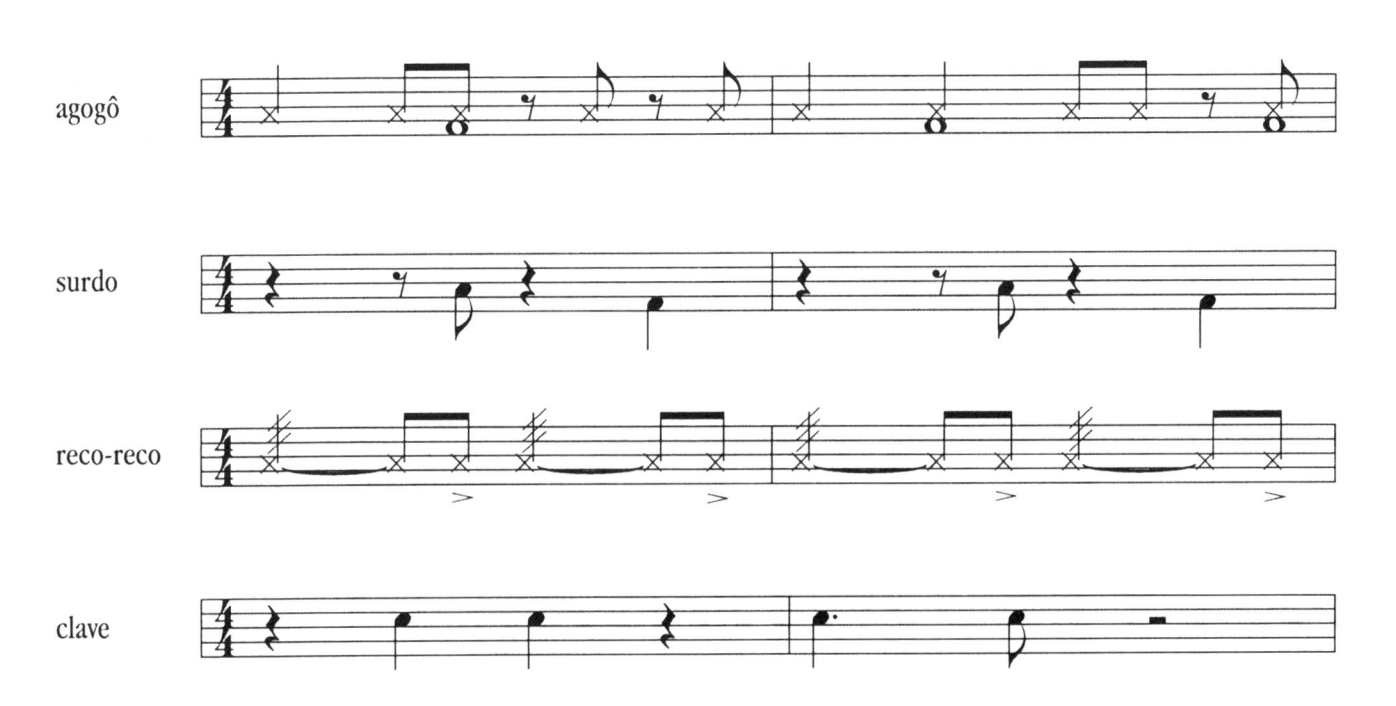

agogô

surdo

reco-reco

clave

B ♦ MELODIA

▪ Ativação rítmica da melodia

O manuscrito ou o impresso da música, a partir do qual se faz o arranjo, não passa de um esboço em forma de melodia cifrada. Outra fonte poderá ser uma gravação ou a simples memória. É evidente que a harmonia deve ser cuidadosamente revisada e elaborada, mas é também indispensável repensar a *divisão rítmica* da melodia e adaptá-la ou acomodá-la ao ritmo que a acompanha. A melodia, assim, é submetida a uma modificação, especialmente quando for tocada por dois ou mais instrumentos em uníssono, oitava ou em bloco (= vozes diferentes em divisão igual). Não se trata de variação ou improvisação melódica, pois a ativação rítmica respeita a composição original, conservando a altura e a quantidade de suas notas, apenas deslocando-as ritmicamente.

O arranjador, quando escreve a melodia numa determinada divisão (escolhendo o compasso, a métrica, os valores), imagina o som total do arranjo executado, governado pelo ritmo apropriado. Esse ritmo, por sua vez, tem a sua *pulsação básica* articulada pela célula menor, que será o valor rítmico mais curto usado na partitura. Cada um dos gêneros rítmicos se caracteriza por uma *pulsação básica*, definindo-se, então, o tipo de compasso a ser usado no arranjo (binário, ternário ou quaternário; simples ou composto).

A seguir, veremos os quatro tipos de pulsações básicas mais usados, acompanhados de exemplos. Cada tipo alimenta um número enorme de gêneros ou ritmos dançáveis; gêneros estes que se identificam pela pulsação básica mas se diversificam pela realização percussiva, pela "levada" rítmica e pela acentuação. A classificação a seguir é mera tentativa de uma organização prática; uma visão baseada mais na experiência que na análise - arriscando-se a controvérsias no confronto com outras opiniões:

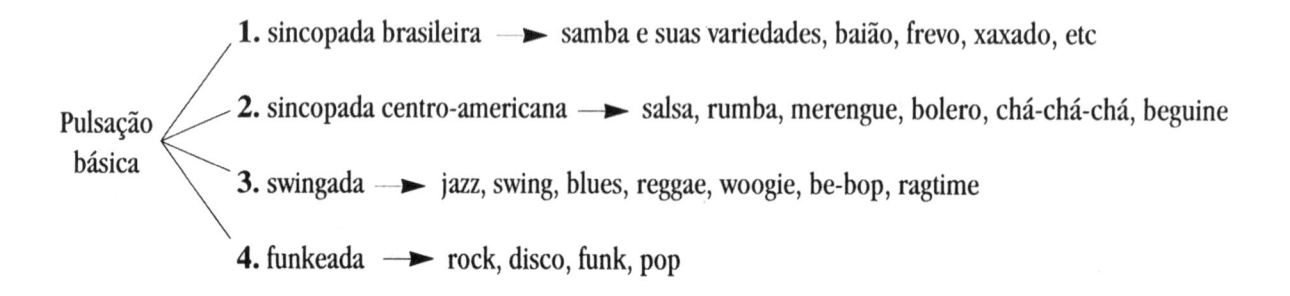

Pulsação básica
1. sincopada brasileira ⟶ samba e suas variedades, baião, frevo, xaxado, etc
2. sincopada centro-americana ⟶ salsa, rumba, merengue, bolero, chá-chá-chá, beguine
3. swingada ⟶ jazz, swing, blues, reggae, woogie, be-bop, ragtime
4. funkeada ⟶ rock, disco, funk, pop

▪ Pulsação sincopada brasileira

Representada pelo samba, seu compasso é 2/4 com a pulsação básica em ♪

unidades de tempo   pulsação básica

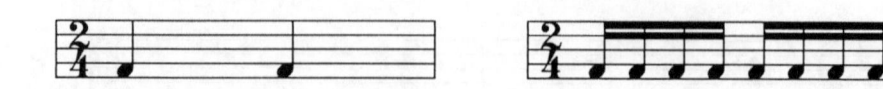

Identificar, no samba, sua pulsação básica, a semicolcheia, é só imaginar um tamborim ou pandeiro com suas notas curtas e iguais, incessantes (embora com acentuações variadas), ou o requebrar das cadeiras de uma sambista ou o arrastar do pé de um passista:

A melodia terá, normalmente, valores múltiplos de ♪

Exemplo: transformar o ritmo esboçado (simplificado) do refrão de *Foi um rio que passou em minha vida* (Paulinho da Viola) em ritmo sincopado, próprio ao samba:

A realização é seguida pelo estilo, pela letra e pela própria memória popular:

samba

Esta é a divisão mais natural, "inerente" à música e é como todos cantam. Antes de mudar a divisão, o estudante deve saber resgatar a música tal qual ela é, seja qual for o seu gênero. No caso do samba, seu compasso deve ser binário, atendendo à padronização da notação e conseqüente facilidade da leitura. Os norte-americanos, menos familiarizados com o visual em articulação de ♫♫, preferem a articulação de ♫♫ e conseqüente notação em 2/2 ou 4/4. O trecho acima seria por eles anotado:

etc.

o que não afetaria sua interpretação. O brasileiro prefere a leitura em pulsação de ♪♪♪♪ . O chorinho e o samba-canção, entre outros gêneros brasileiros, também seguem esse esquema em 2/4 e 2/2, respectivamente.

Exercício 48 Escreva, em pulsação sincopada, a 1ª parte do samba *Fita amarela* (Noel Rosa), cuja notação esboçada é:

Exercício 49 Escreva vários sambas que você tenha na memória ou transcreva de gravação

- Pulsação sincopada centro-americana

Músicas em ritmo típico centro-americano costumam ter a pulsação básica de ♪♪♪♪ em compasso 2/2 ou em 4/4 quando mais lentas. No ritmo da salsa, por exemplo, o piano e as tumbadoras podem tocar um desenho melódico-rítmico que definirá a divisão do próprio solo da melodia (ou vice-versa):

Morning faixa 07 *Clare Fischer*

▪ Pulsação swingada

O jazz ou swing norte-americano normalmente tem o compasso 4/4 ou, em "jazz waltz", 3/4 e sua pulsação básica é ♪, sendo que em cada grupo de ♫ a primeira é ligeiramente mais longa que a segunda, transformando a pulsação:

A notação em quiálteras, colcheias pontuadas ou em compassos compostos, além de inexata, resulta em visual complicado, principalmente quando clichês diferentes são usados ou combinados. Por exemplo:

Sentimental journey   *Bud green, Les Brown e Ben Homer*

a. em quiálteras

b. em clichês pontuados

Para simplificar, convencionou-se internacionalmente a notação por "colcheias swingadas", onde ♫ representam aproximadamente ♩♪ e para isso é suficiente anotar (♫ = ♩♪) ou a palavra SWING no início do trecho. A execução swingada prevalece mesmo quando o clichê ♫ é precedido ou seguido por ligadura ou transformado em ♩. ♪ ou ♪♩. ou ♪♩ ♪

A notação convencional do trecho acima torna-se fácil de ler, uma vez sentindo a pulsação das ♫ desiguais:

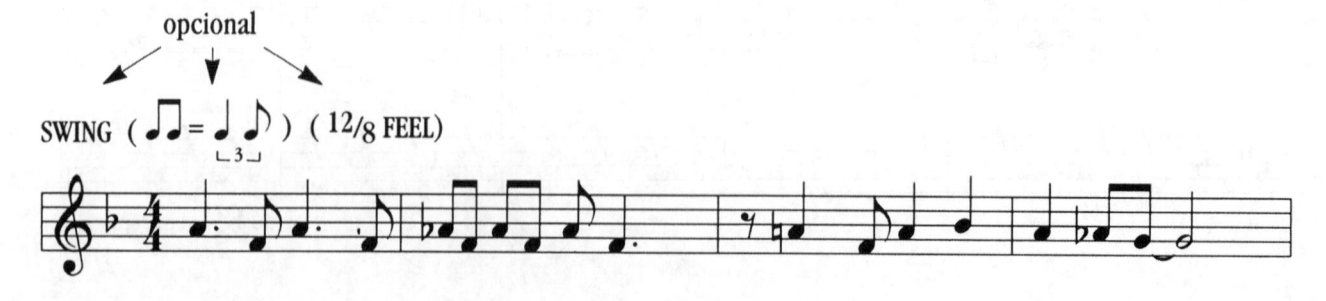

SWING (♫ = ♩♪) (12/8 FEEL)

Exercício 50 Leia a 1ª parte de *Lullaby of birdland*, em sua notação convencional, primeiro pelo valor real das colcheias e, em seguida, swingado. Note a diferença:

Lullaby of birdland   George Shearing e George David Weiss

A música swingada, especialmente a "balada" (música lenta), pode vir anotada em sua forma mais simples, esboçada, dispensando a atividade de colcheias:

Autumn leaves   Joseph Kosma, Jacques Prevert e Johnny Mercer

Poderíamos swingar a melodia assim:

Exercício 51 Swingue a melodia abaixo:

I'm gettin' sentimental over you *Ned Washington e George Bassman*

- Pulsação funkeada

O funk, em compasso de 4/4, tem a pulsação básica de ♪♪♪♪ em cada tempo, a exemplo do samba. Diferente da melodia sincopada, a melodia do funk pode não "participar" na atividade de semicolcheias, deixando isso ao cargo da percussão-harmonia, em particular quando houver parte vocal. Vejamos *Let it be* (John Lennon e Paul McCartney) em sua forma simples, onde a figura ♪ raramente se manifesta na melodia:

A seção rítmico-harmônica, porém, está em plena atividade de funk:

O solo da melodia, entretanto, se for tocado por dois ou mais instrumentos em uníssono, oitavas ou em bloco, poderá também participar no funk, tornando o som do arranjo mais interessante:

Exercício 52 Funkeie a melodia seguinte, anotada aqui em seu ritmo mais simples:

Hey Jude *John Lennon e Paul McCartney*

Ritmos de outras pulsações básicas também podem ser transformados em funk, resultando em grande atividade percussiva. Funkear um samba torna sua linguagem mais internacional, a exemplo de Jorge Benjor, Sérgio Mendes ou ainda uma infinidade de autores/arranjadores estrangeiros inspirados na batida brasileira, mas conservando o "sotaque". *Aquarela do Brasil* e *Na Baixa do Sapateiro* se comportam bem na levada do funk. Vejamos, como exemplo, *Sonho de um carnaval*, de Chico Buarque. Seu estribilho final repetido várias vezes, em samba:

e em funk:

acompanhado, evidentemente, de clima percussivo funkeado.

Exercício 53 Partindo do esboço desta mesma música, escreva-a:

a. em samba **b.** em funk

fade-out

C ♦ MELODIA A DOIS

1 Contracanto

- Linha do baixo

O contracanto ou contraponto é uma melodia que soa bem (combina) com um canto dado. A música harmonizada inclui, quando a harmonia for bem conduzida no instrumento, vários contracantos. Entre eles, o mais evidente é a *linha do baixo* da harmonia. A própria palavra "contrabaixo" é a abreviação de "contracanto baixo". A linha do baixo é tão "forte", tão melodiosa, que sugere, representa ou até substitui a harmonia. Na inspiração do compositor, a linha do baixo pode surgir primeiro, e a harmonia é feita em função dessa linha:

Insensatez   *Tom Jobim*

Viola enluarada   *Marcos Valle e Paulo Sérgio Valle*

Águas de março — Tom Jobim

Exercício 54 Faça o contracanto, destinado à linha do baixo, da música *Este seu olhar* (Tom Jobim) e faça a harmonia, a partir dessa linha:

- Linha intermediária

Além da linha do baixo, outras linhas estão presentes na harmonia bem conduzida. Quanto maior a destreza, mais o músico consegue conciliar uma harmonia versátil com linhas bonitas. Para muitos compositores, essas linhas melódicas intermediárias entre a melodia principal e a linha do baixo surgem antes da harmonia e se tornam fontes inspiradoras para ela.

Carinhoso   *Pixinguinha*

[Partitura musical com cifras: F F(♯5) F6 F(♯5) F F(♯5) F6 F7 Am Am(♭6) Am6 Am(♭6)
Am Am(♭6) Am6 A7 Dm7 G7 C7 F7 B♭6 D7 Gm7]

- Contracanto passivo

O contracanto acima dá uma linearidade à harmonia. Ele tem o ritmo da própria harmonia: uma nota para cada acorde. É uma linha melódica que, além de funcionar "horizontalmente", usa notas que enriquecem bastante o som de cada acorde, portanto funcionando "verticalmente". Um contracanto, quando passivo, tem característica dupla com função horizontal e vertical, em movimento rítmico semelhante ao ritmo harmônico (ritmo da mudança dos acordes) e apresentando na melodia um movimento linear, apesar das interrupções esporádicas. Para que o contracanto passivo funcione com a harmonia (ou para que a harmonia funcione com o contracanto passivo), cada nota deste deve soar bem com o acorde que a acompanha. A função melódica é examinada através da *análise melódica*.

2 | Análise melódica

É o estudo da relação melodia-harmonia.

- Simbologia

Cada nota de uma melodia forma um intervalo com o baixo do acorde que a acompanha. Os símbolos do intervalo são os números de 1 a 7, tomando por base os sete intervalos formados entre as notas da *escala maior* e a sua tônica (**dó maior**, no exemplo):

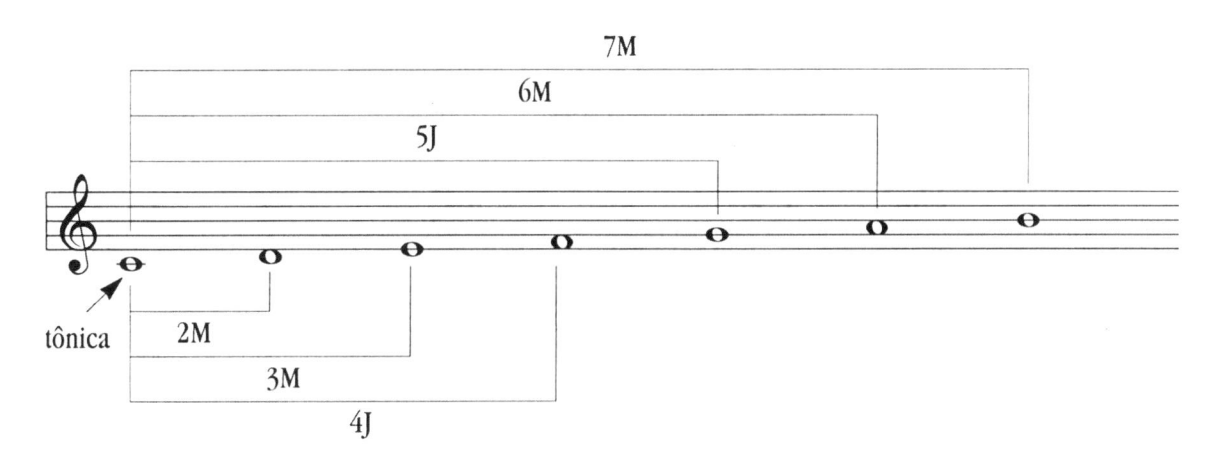

[Exemplo musical: escala de dó maior com intervalos indicados - tônica, 2M, 3M, 4J, 5J, 6M, 7M]

Quando a melodia forma com a nota fundamental do acorde um intervalo alterado em relação aos intervalos da página anterior, escreve-se ♯ ou ♭ antes do número:

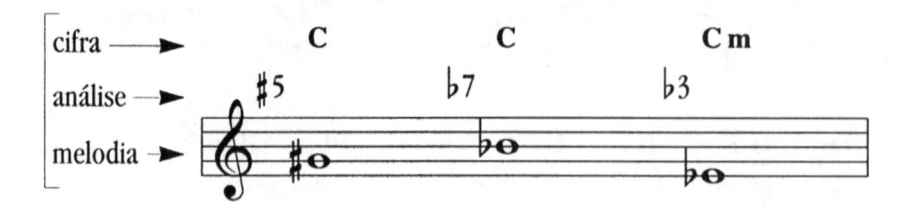

[cifra: C C Cm; análise: ♯5 ♭7 ♭3]

Observe que o número representante do intervalo, assinalado com alteração, não será necessariamente uma nota melódica alterada, ou vice-versa:

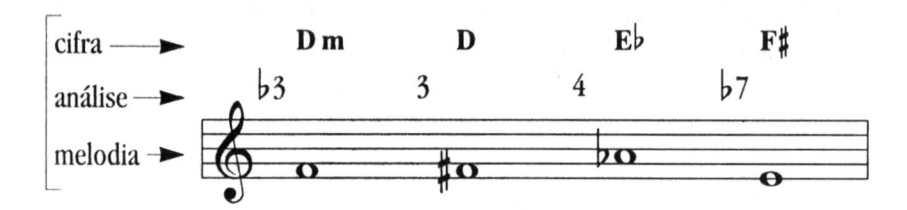

[cifra: Dm D E♭ F♯; análise: ♭3 3 4 ♭7]

pois a simbologia tem a função *estrutural* e não *tonal*. Usam-se, ainda, na análise melódica, os números 9 11 13 equivalentes a 2 4 6, respectivamente, em caso de notas de tensão, conforme veremos mais adiante. Esses números também terão ♯ ou ♭ na frente, quando a 9ª ou a 13ª *não* forem maiores ou a 11ª *não* for justa:

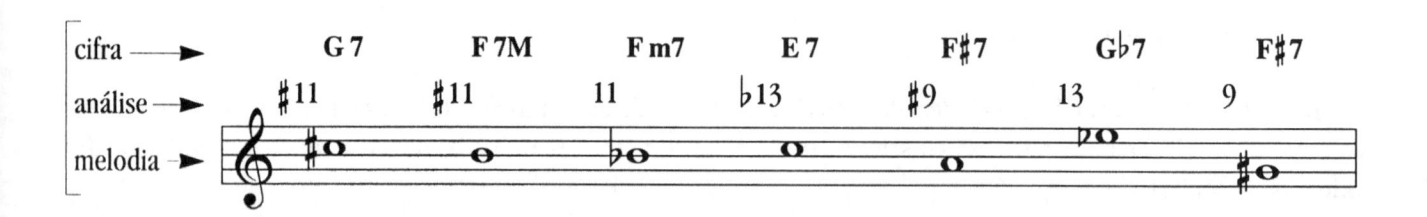

[cifra: G7 F7M Fm7 E7 F♯7 G♭7 F♯7; análise: ♯11 ♯11 11 ♭13 ♯9 13 9]

Exercício 55 Escreva a análise das notas em função das cifras respectivas:

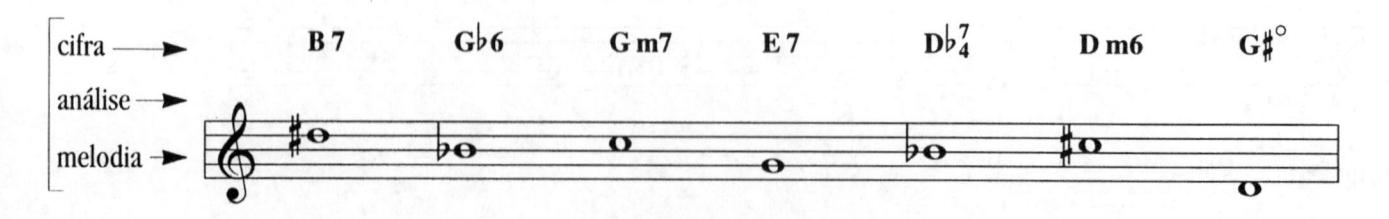

[cifra: B7 G♭6 Gm7 E7 D♭7/4 Dm6 G♯°]

- A função melódica

A nota melódica, para soar bem com o acorde, pode ser:

– nota do acorde
– nota de tensão
– nota de aproximação

Usando a simbologia apresentada, vemos em cada estrutura típica de acorde de quatro sons, as notas melódicas de boa sonoridade:

ACORDE estrutura	NOTA MELÓDICA							
	de acorde				de tensão			
7M/6	1	3	(♯)5	7/6	9	♯11		
m7	1	♭3	5	♭7	9	11		
m 7M/6	1	♭3	5	7/6	9	11		
m7(♭5)	1	♭3	♭5	♭7	9	11	♭13	
dim	1	♭3	♭5	♭♭7	9	11	♭13	7
7	1	3	(♯)(♭)5	♭7	(♯)(♭)9	♯11	(♭)13	
7₄	1	4	5	♭7	(♭)9	(♭)13		

(acidentes entre parêntesis representam alterações opcionais).

Notas de aproximação são outras notas que, diatônica ou cromaticamente, se resolvem nas notas "de boa sonoridade"; têm a duração comparativamente curta, ocupando lugar metricamente fraco no compasso.

A *análise* da função melódica *não* serve para deduzir ou sintetizar melodias e contracantos, embora demonstre matematicamente o porquê da boa sonoridade na relação melodia-harmonia. Música, como todas as artes, é produto de inspiração, num processo essencialmente humano e intuitivo; o sistema de análise ora apresentado serve apenas para verificação ou constatação e, eventualmente, um lampejo para indicar soluções possíveis, caso surja algum impasse no processo criativo.

Em tempo: caso uma nota melódica sustentada, evidente ou exposta não seja nota de acorde ou tensão, fica caracterizado erro na harmonização ou, ainda, uso de linguagem harmônica fora do tonalismo (por ex.: linguagem modal).

■ Série harmônica

As notas do contracanto, assim como as do próprio canto, formam intervalos ricos ou brandos, dissonantes ou consonantes com a linha do baixo da harmonia. Para melhor compreender essa riqueza intervalar, conheçamos a série harmônica.

Qualquer som de altura definida, seja emitido por um instrumento ou por fonte natural, é resultado de vibração regular. Essa vibração é composta pelo som gerador (a própria nota emitida) e outros sons definidos de intensidade menor e freqüência mais aguda, chamados *sons harmônicos*. O som gerador, com os respectivos harmônicos resultantes, forma a série harmônica, uma série de notas que guardam entre si uma relação intervalar característica e imutável, de origem natural ou cósmica. É que cada corpo vibrante, além de vibrar em toda a sua extensão, também vibra em sua metade, em sua terça parte, em sua quarta e quinta partes, etc., produzindo sons cada vez mais agudos. Em princípio, quanto menor a fração do corpo vibrante, tanto menor será a intensidade de seu som, ou seja, a intensidade dos sons harmônicos diminui, ao avançar na série. Entretanto, dependendo da qualidade acústica de cada fonte sonora (de cada instrumento), os harmônicos estão presentes em intensidades variadas, o que produz o timbre característico de cada instrumento. A série harmônica é fisicamente infinita, e suas primeiras 16 notas surgem, ao subdividir uma corda vibrante (experiência de Pitágoras) em 2 - 3 - 4 - 5 - 6 - 7 - 8, etc. partes iguais. Se afinarmos uma corda em **dó**, notaremos que a sua metade também vibrará em **dó** oitava acima, a metade deste também e assim por diante:

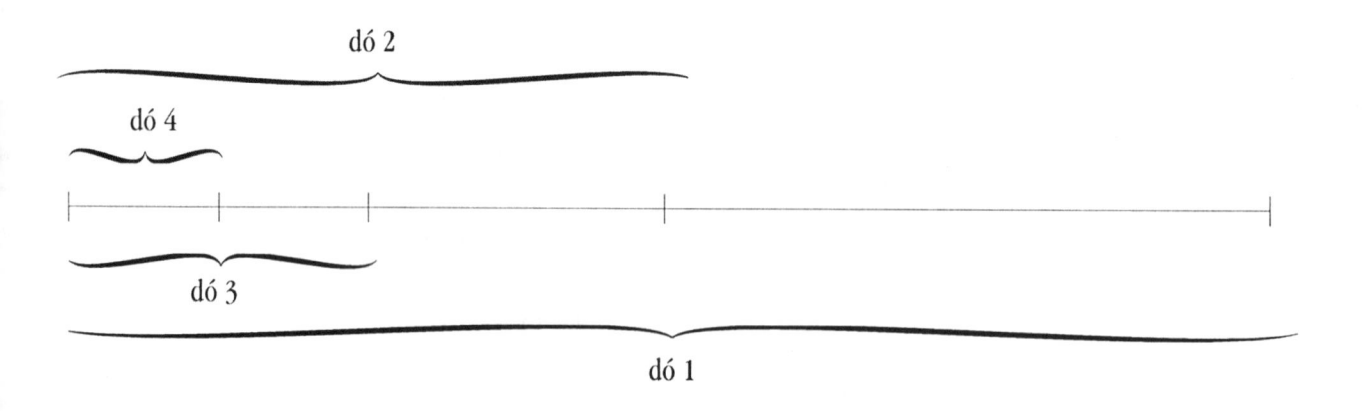

Assim, cada seção da corda vibrante também vibrará em duas metades, produzindo sons 8ª acima.

As primeiras 16 notas da série harmônica da nota **dó 1**:

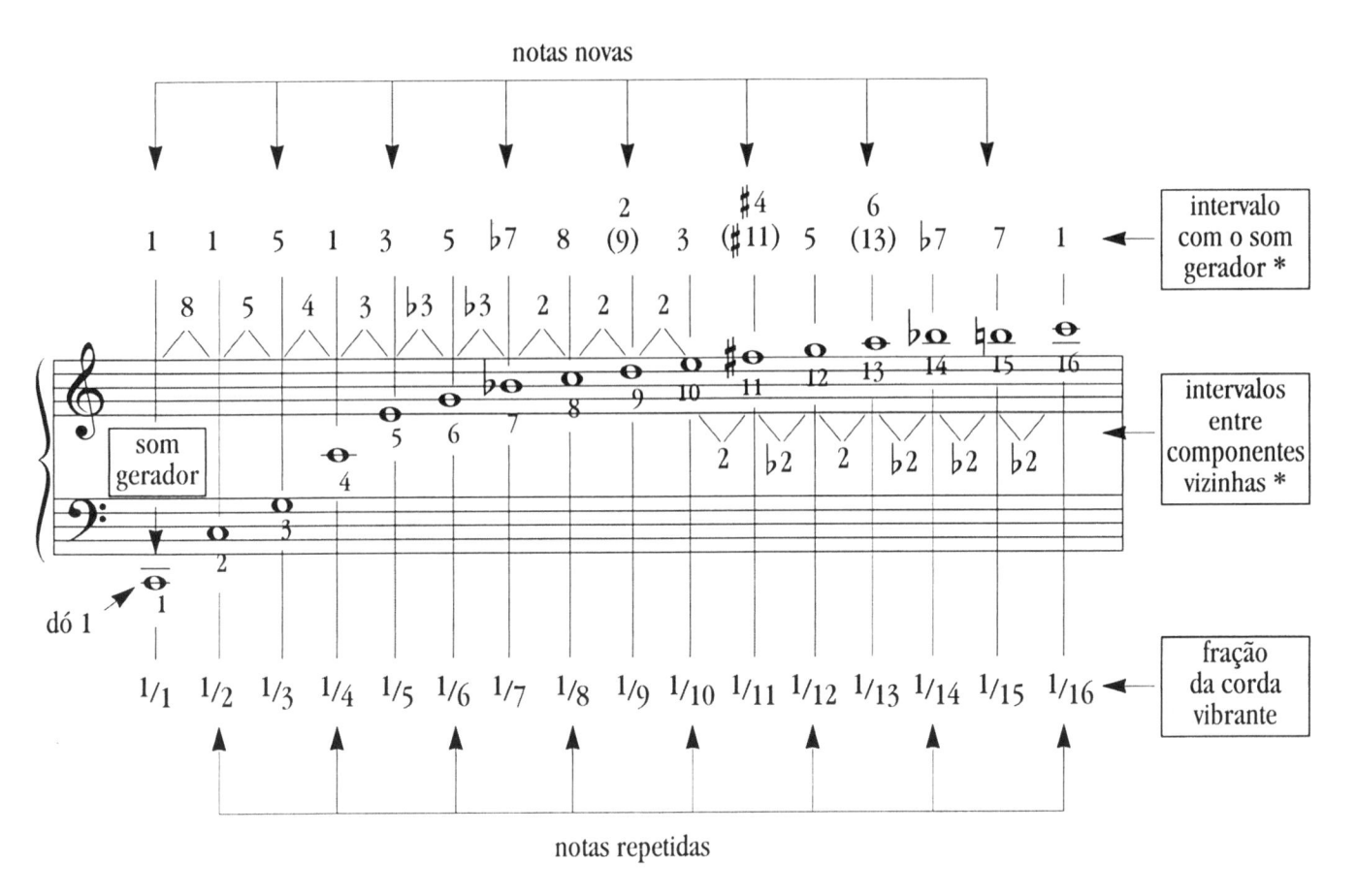

*usando a simbologia da análise melódica

Observe, no quadro, algumas características da série harmônica:

1. As notas novas (ímpares) vêm alternadas com as já ouvidas antes (pares).
2. Os intervalos, entre o som gerador e as componentes, apresentam uma dissonância cada vez mais forte, estabelecendo uma hierarquia cósmica de dissonâncias, desde a consonância total da oitava até os choques intervalares mais intensos (7ª maior).
3. Os intervalos, entre as componentes vizinhas, diminuem progressivamente ao longo da série, sabendo-se que:

   a. os vários intervalos de ♭3 - 2 - ♭2 são desiguais, diminuindo progressivamente;
   b. o intervalo "2" entre as notas 12 e 13 é *menor* do que "♭2" entre 11 e 12 (**fá♯** é "extraordinariamente" grave e **sol** "extraordinariamente" agudo).

As notas da série harmônica, chamadas notas naturais ou não-temperadas ou pitagóricas, quando organizadas em escala cromática, *não* formam semitons iguais entre si. Para que as músicas possam ser tocadas em qualquer tom e por qualquer combinação de instrumentos, temperou-se a escala, dividindo a oitava em 12 semitons *iguais*. Alguns instrumentos são totalmente temperados (violão, piano), outros parcialmente (flauta) e outros são pouco ou nada temperados (trompa, corneta).

A evolução do ouvido humano em sua história, bem como do ouvido do indivíduo no processo do amadurecimento, é marcada pela busca de novos estímulos em forma de dissonâncias. Essas dissonâncias, uma vez acostumadas e rotineiras, tornam-se consonâncias e plataformas para a busca de novas dissonâncias. Curiosamente, a ordem de aceitação das novas dissonâncias pelo ouvido humano no decorrer de sua história é exatamente a ordem dos intervalos tal como ocorrem na série harmônica, entre o som gerador e suas componentes. A 5ª, de dissonância passou a consonância; a 3ª, de dissonância passou a consonância; a ♭7, de dissonância a consonância, e assim sucessivamente:

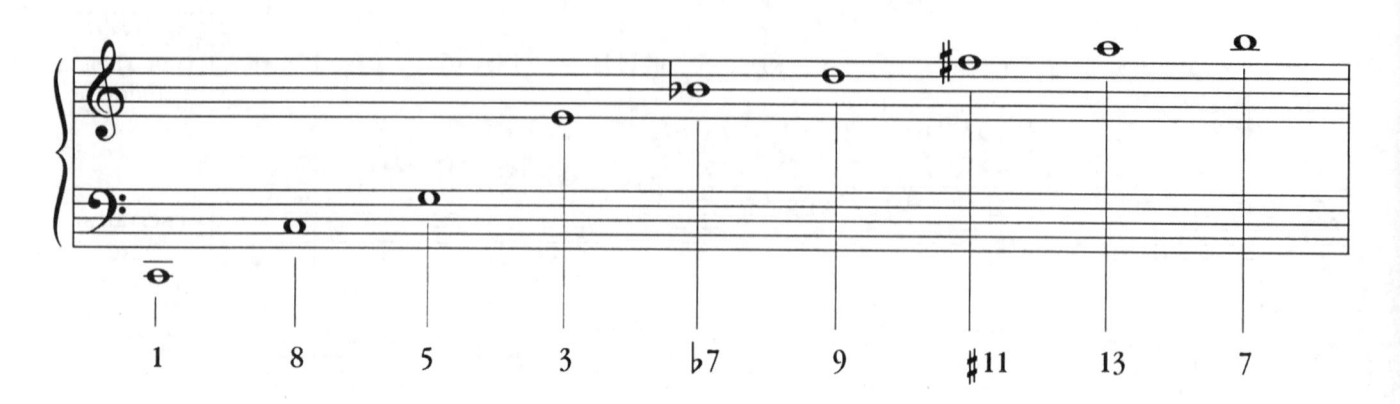

Toque um acorde, feito com as primeiras 13 notas da série harmônica, com a fundamental **dó** (nota fundamental = som gerador):

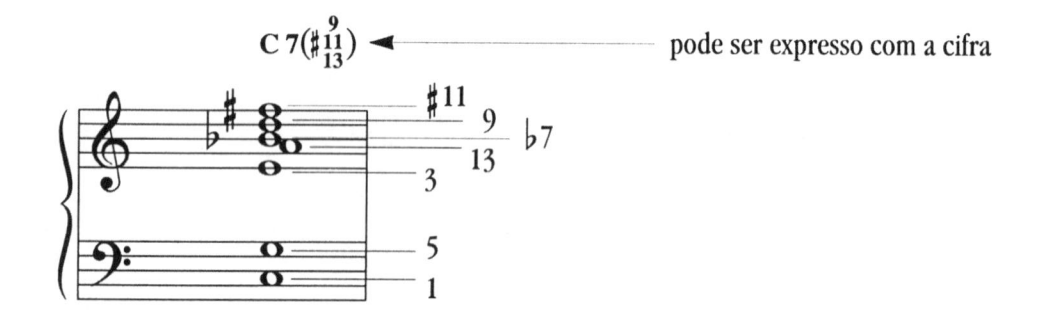

$$C\,7(\substack{9\\ \sharp 11\\ 13})$$ ◂───── pode ser expresso com a cifra

e verifique o seu som rico e ao mesmo tempo repousante, tão natural ao ouvido. Os mesmos sons, organizados em escala,

formam o modo lídio com ♭7, sendo esse modo muito mais antigo e natural do que o modo maior (com **fá ♮** e **si ♮**).

Um exemplo do cotidiano quanto à inerência da série harmônica ao homem é quando ele afina um violino (as cordas em 5ᵃˢ) em poucos segundos, mas leva longos minutos ao afinar um violão (as cordas em 4ᵃˢ), um trabalho minucioso e concentrado. É que as 5ᵃˢ estão muito presentes na série, mas a 4ª justa (**fá ♮** no caso da série harmônica de **dó**) não se encontra nem mesmo entre as primeiras 20 notas.

Todos nós "respiramos" a série harmônica, somos quase feitos dela e achamos, sem distinção de raça ou cultura, que os intervalos mais dissonantes são aqueles formados com as notas mais avançadas na série. Isso nos permite conscientemente tornar a relação melodia-harmonia menos ou mais dissonante, jogando com os matizes da riqueza e da brandura.

- **A relação melodia-harmonia**

As notas do canto ou do contracanto, ouvidas junto à harmonia, entram no som dos acordes, enriquecendo-os pelos intervalos formados com as notas do baixo. À luz da série harmônica e com a simbologia dos intervalos, iremos analisar a relação melodia-harmonia.

A nota fundamental de cada acorde gera uma série harmônica, onde ela e a sua 5ª estão mais presentes entre todas as notas, enfatizadas ainda pelo contrabaixo. Dobrar ou triplicar, ou até suprimir essas notas, faz pouca diferença; são as notas *óbvias* do acorde. Com o aumento da dissonância da nota (ao avançar na série), sua supressão ou duplicação não é recomendada. A 3ª e a 7ª *caracterizam* o som do acorde, formando uma tétrade com a 1ª e a 5ª (A 4J poderá substituir a 3M; a 6M poderá substituir ou enriquecer a 7M). As demais notas *enriquecem* o som: são as tensões 9 11 13 e as alterações da 5ª: ♭5 e ♯5.

Vejamos, a seguir, a tabela da página 99 colocada na pauta, com as notas divididas nas três categorias (óbvias, características e enriquecedoras) que acabamos de citar; usaremos **T** antes do número indicador da nota de tensão. Veja também na tabela da página 99 as alterações opcionais em notas de acorde ou tensão que não figuram no quadro que se segue.

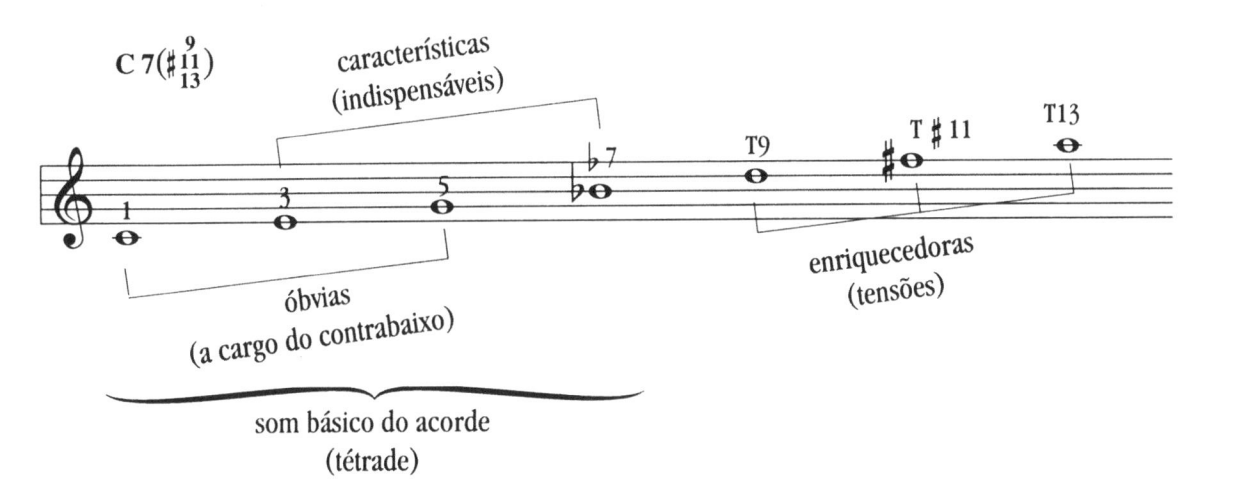

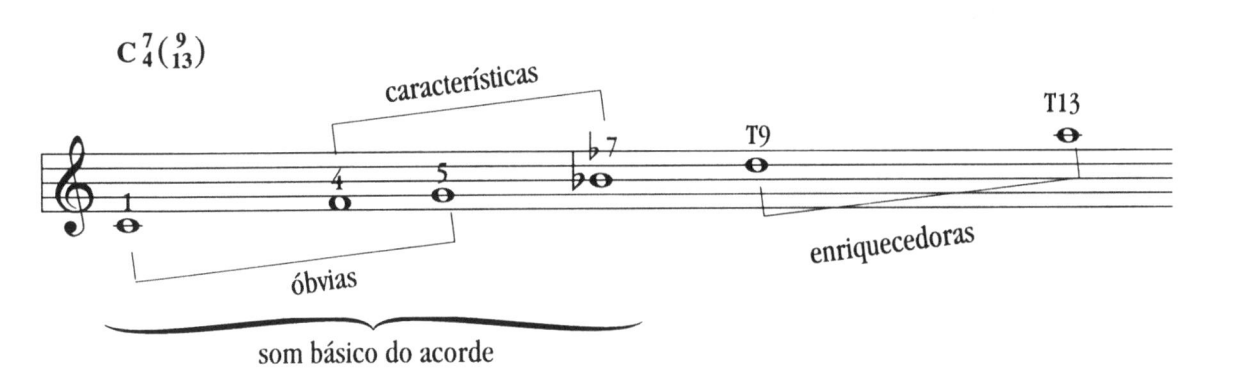

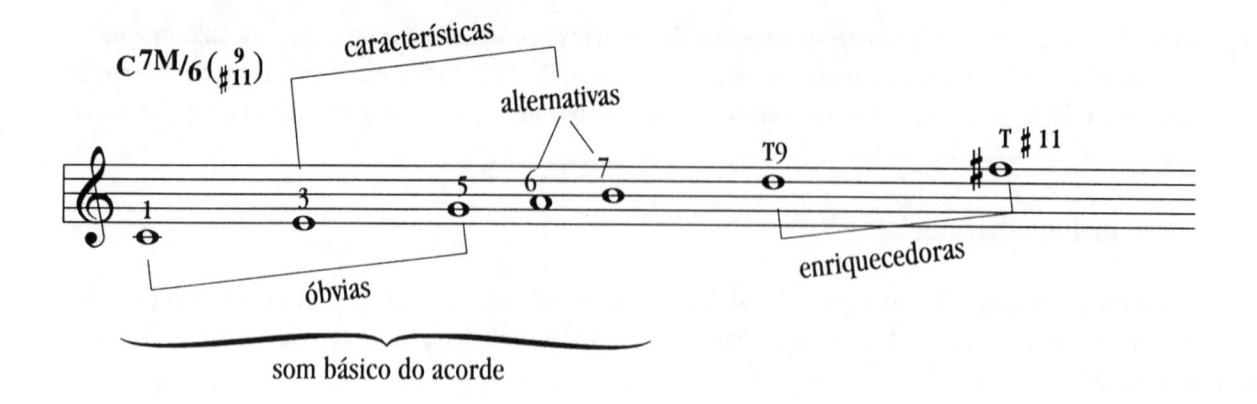

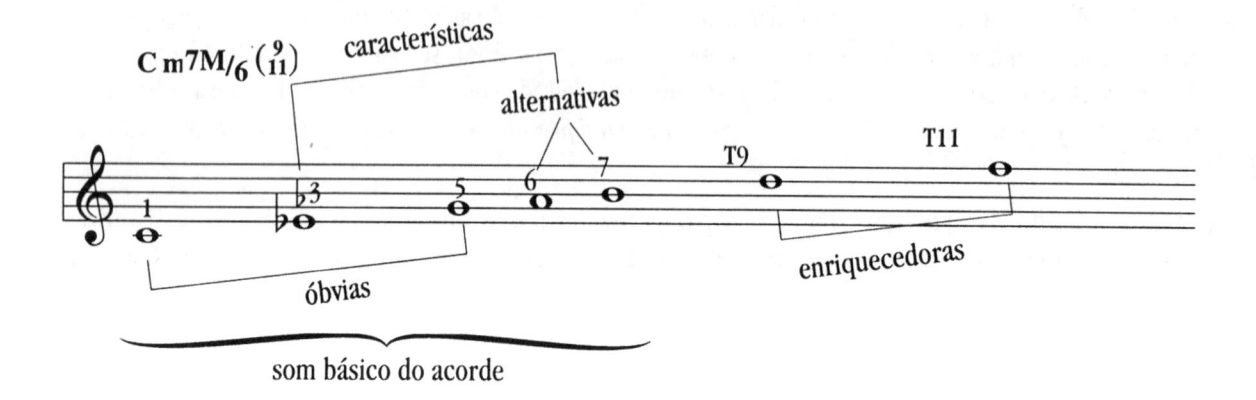

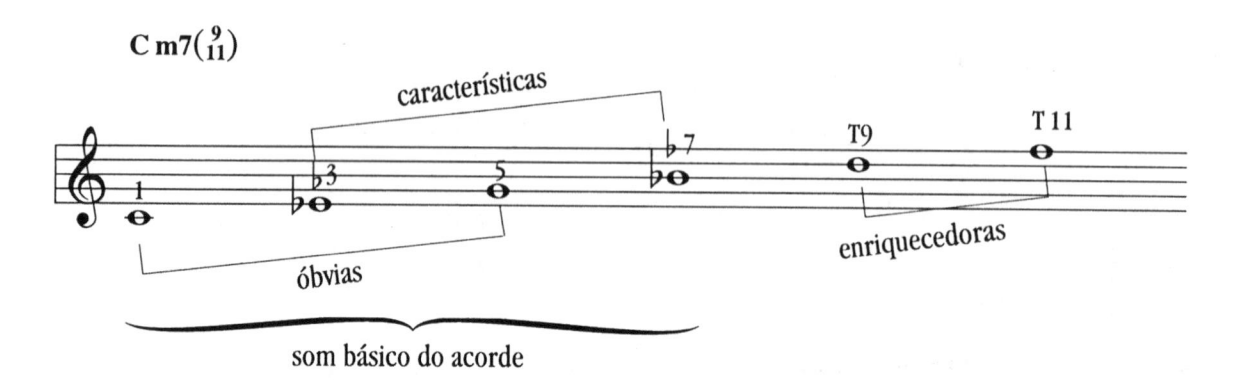

Os acordes diminutos e meio-diminutos não dispensam nenhuma nota:

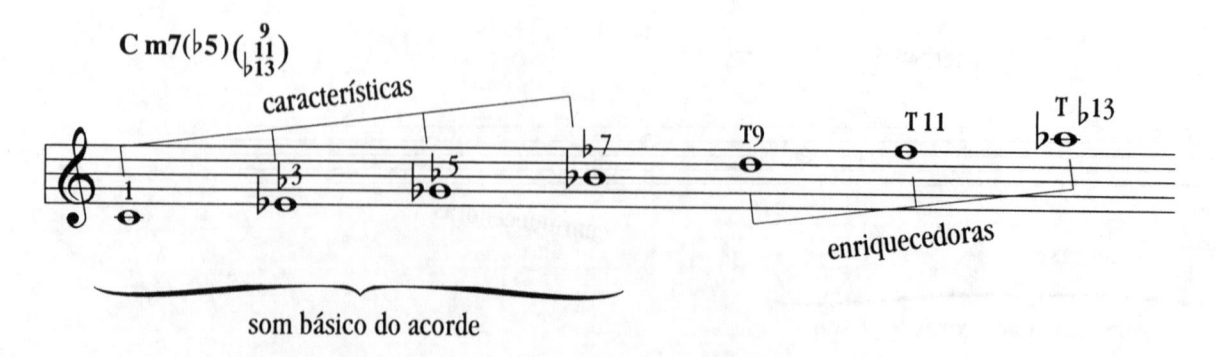

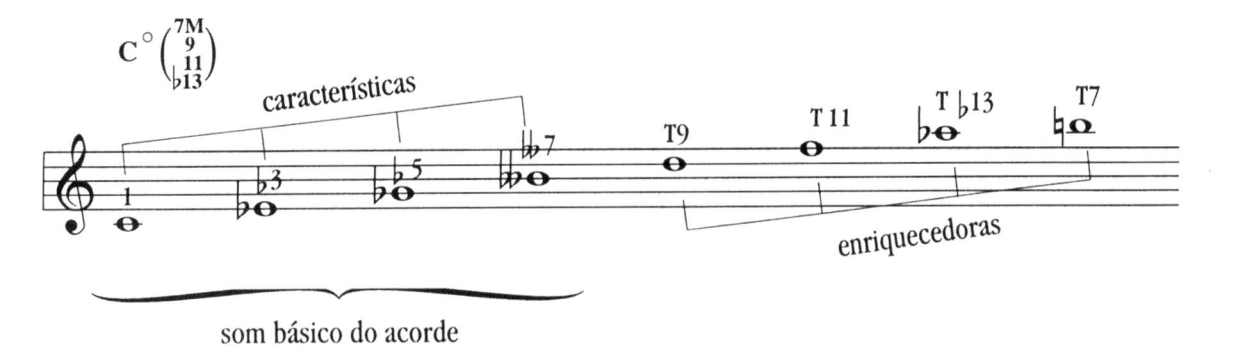

Quando a nota melódica do canto (ou do contracanto) possui função outra que as indicadas nesta tabela, sua duração é curta e ocupa tempo fraco. Deve ser analisada como *nota de aproximação*. Sendo nota diatônica, deve ser indicada por **S** (= escala, "scale") mais o número-símbolo do intervalo; sendo nota cromática fora de escala, por **cr** sem a indicação do intervalo. Nos dois casos, é nota de aproximação (se "aproxima" por grau conjunto), devendo ser seguida por nota *de acorde* ou *de tensão*.

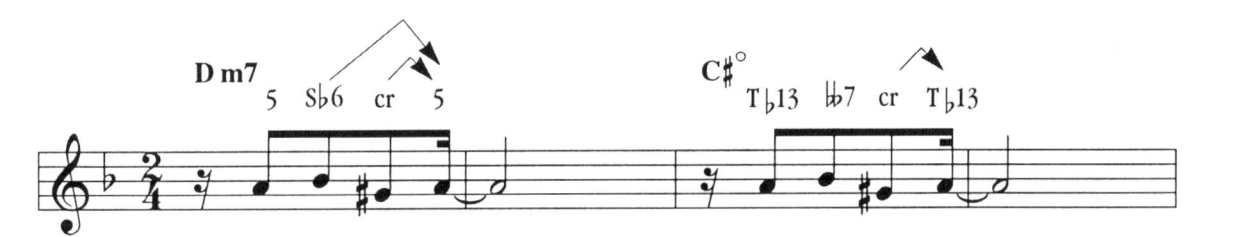

A consciência das estruturas dos acordes e das tensões disponíveis em cada estrutura permite:

– harmonização correta (sem "brigas" entre melodia **X** harmonia)
– enriquecimento do acorde
– observar de onde vem a riqueza da melodia harmonizada
– observar a contribuição do contracanto nessa riqueza
– escolher acordes que tornem a melodia mais rica

3. Exemplos e exercícios de contracanto e análise melódica

- Contracanto passivo

Nos próximos dois exemplos, observe as linhas do contracanto feitas com 3as e 7as dos acordes, possibilitadas pela linha do baixo da harmonia em 5as descendentes (ou 4as ascendentes). Nesse caso, a 3ª da melodia se transforma na 7ª do próximo acorde, caminhando em grau conjunto ou permanecendo imóvel:

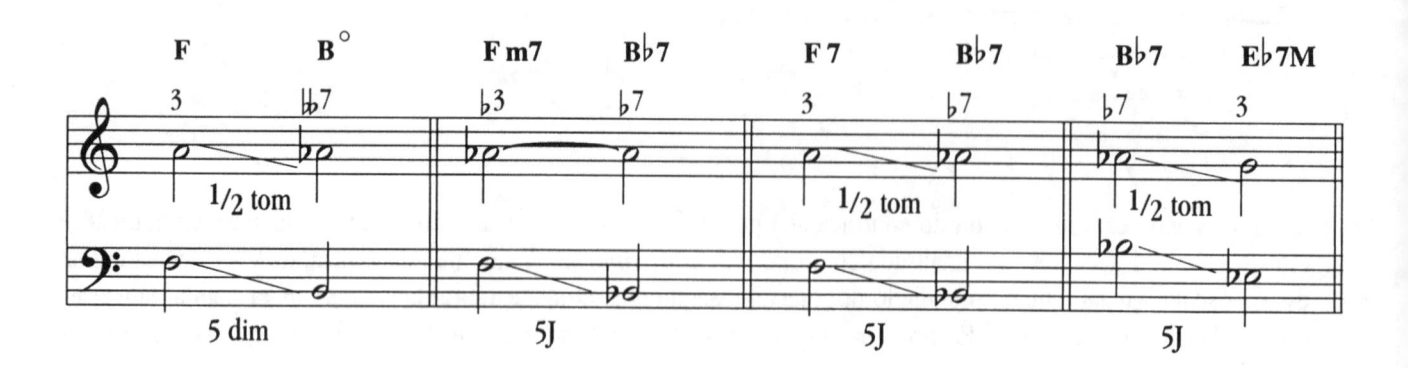

Exemplo:

E nada mais   faixa 08

Durval Ferreira e Lula Freire

Exercício 56 Faça a análise melódica do canto e contracanto.

Coisa mais linda   faixa 09

Carlos Lyra e Vinicius de Moraes

Exercício 57 Faça a análise melódica do canto e contracanto.

The man I love   faixa 10

Ira Gershwin e George Gershwin

swing

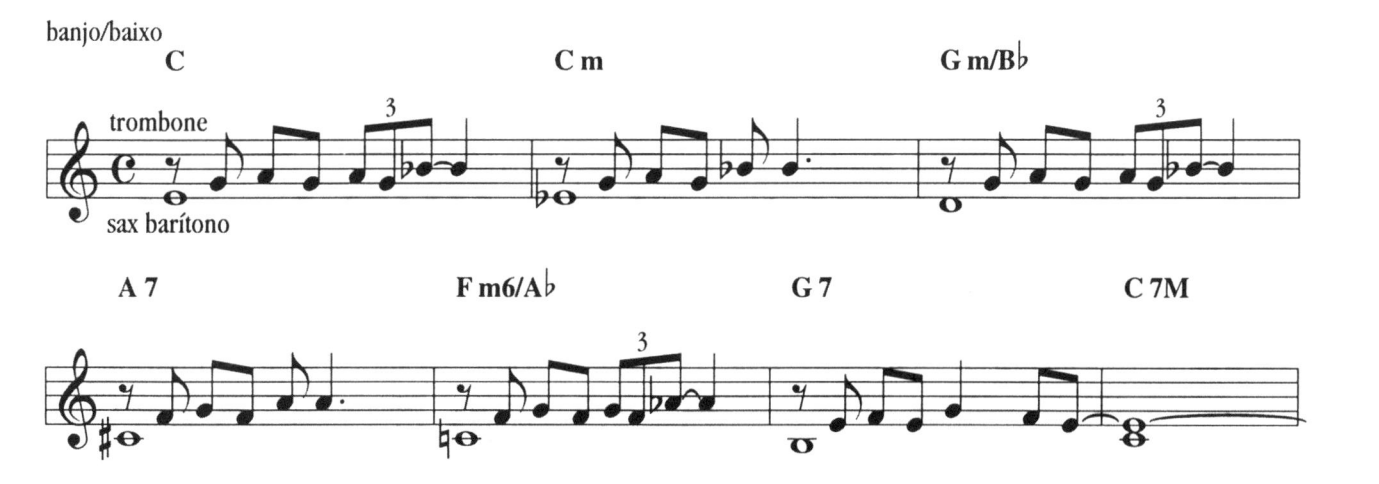

Observe a linha do baixo: é outro contracanto passivo.

Exercício 58 Faça a análise melódica do canto e contracanto.

Blue skies   faixa 11   *Irvin Berlim*

swing

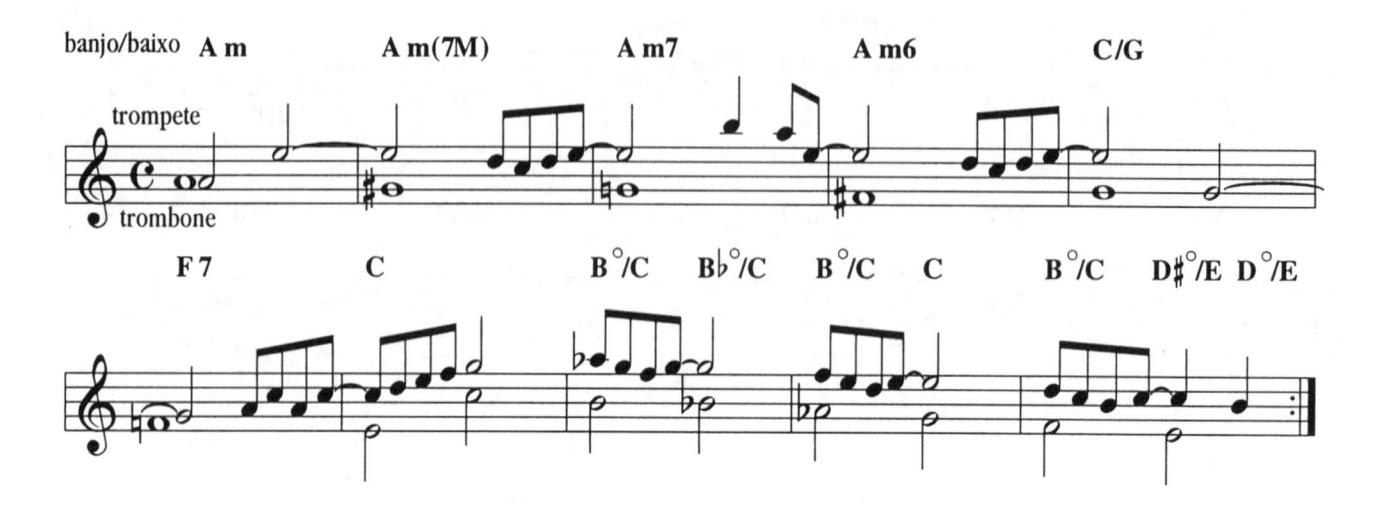

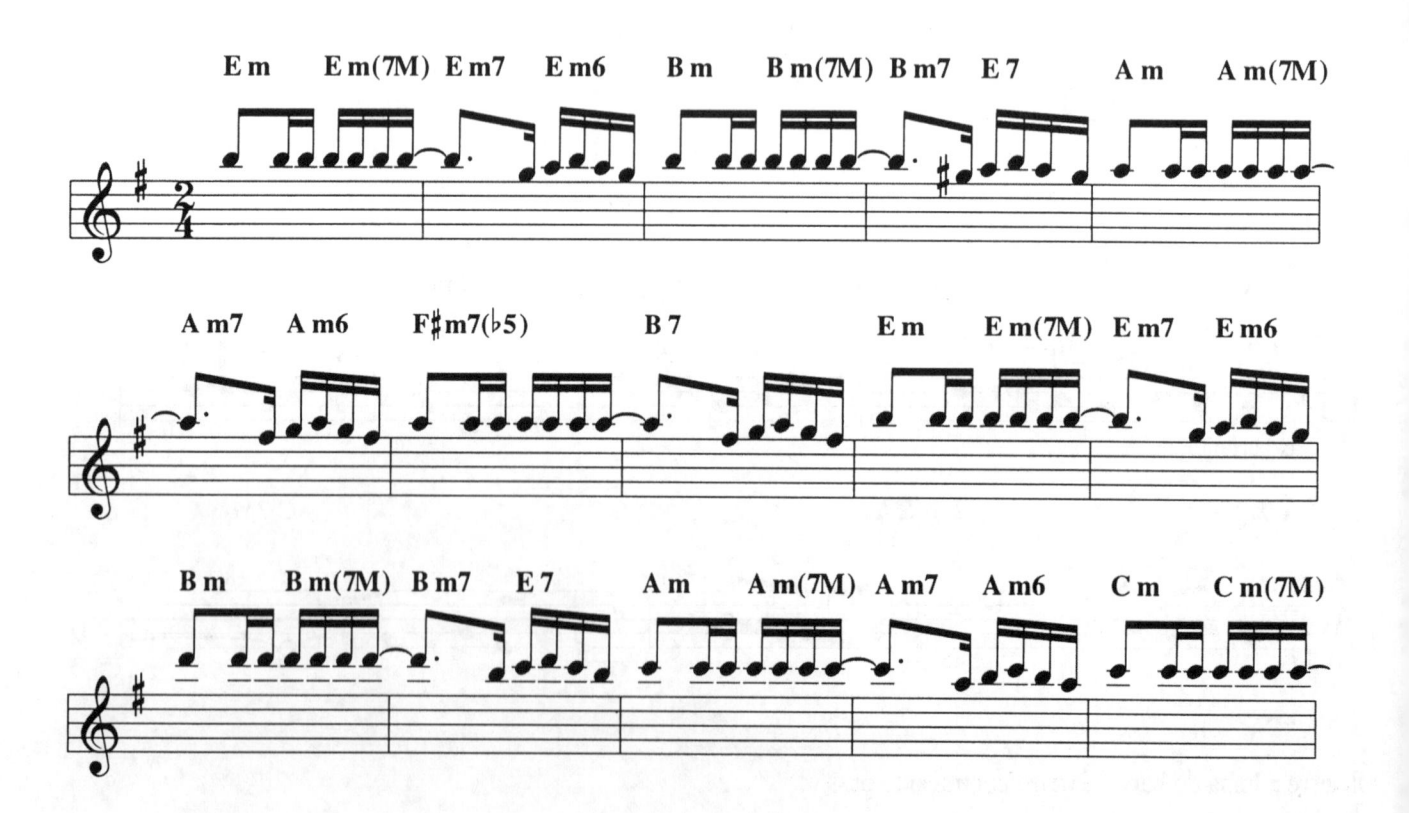

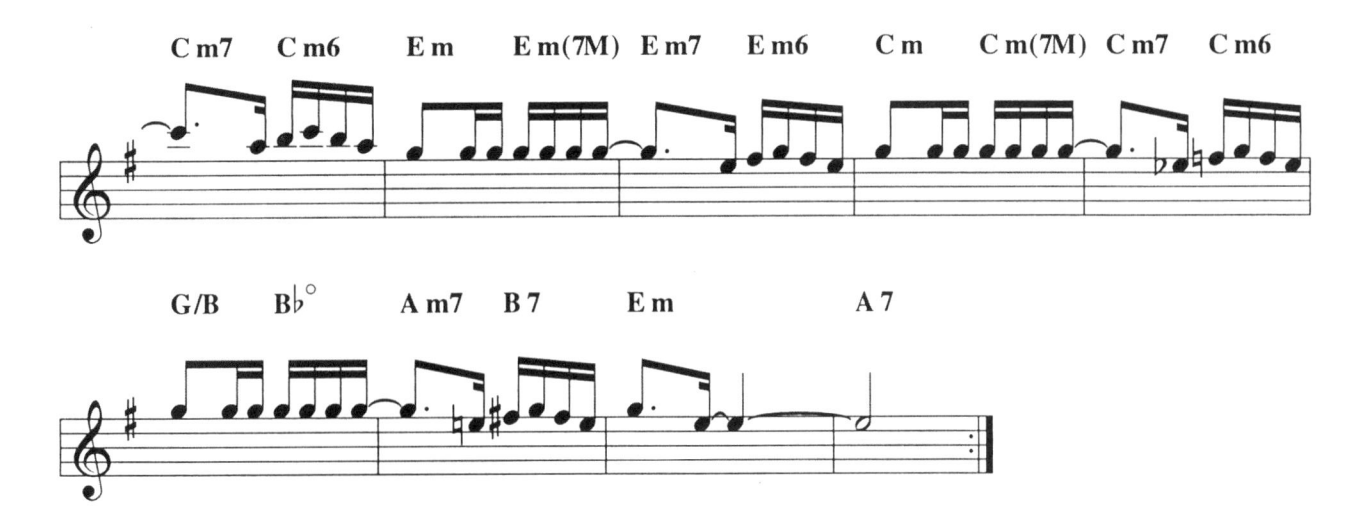

[Musical score with chords: Cm7, Cm6, Em, Em(7M), Em7, Em6, Cm, Cm(7M), Cm7, Cm6]

[Musical score with chords: G/B, Bb°, Am7, B7, Em, A7]

O contracanto passivo pode ser mais sofisticado, como em *Chovendo na roseira* (Tom Jobim), 3ª parte:

faixa 12

[Musical score for oboé/xilofone and corne-inglês with chords: B$_4^7$, B7, Bm7, B$_4^7$(9), B$_4^7$(b9), B7, Bm(7M), Bm7, B6, Bm(b6), B4(b9), B7, E$_4^7$]

Verifique a relação harmonia-contracanto.

A movimentação rítmica do contracanto deve ser intuitiva; os ataques antecipados, sincopados e swingados acontecem quando a melodia faz o mesmo:

[Musical score with chords: D7M, C#7, F#7, B7]

No entanto, quando se trata de contracanto tocado por instrumento de timbre diferente ou contrastante com o timbre do instrumento da linha principal, a sincopação no contracanto é dispensável (principalmente quando o instrumento não tem bom ataque de nota - ex.: trompa).

▪ Contracanto ativo

O contracanto normalmente é livre, com idéias rítmicas independentes do canto, podendo se movimentar quando o canto está parado ou passivo, ou reforçar os ataques do canto ou, ainda, reforçar ataques rítmicos onde o canto não o faz. Há contracantos que, na memória popular, se tornam parte inseparável da melodia principal.

Andança   faixa 13   *Paulinho Tapajós, Edmundo Souto e Danilo Caymmi*

Um contracanto livre ou ativo, quando não nasce espontaneamente, pode ser desenvolvido a partir de um contracanto passivo. O exemplo abaixo traz dois contracantos passivos diferentes para a mesma música, sendo o último desenvolvido ou ativado do segundo, resultando num terceiro contracanto. As análises melódicas revelam as "forças" harmônicas.

Até quem sabe   *João Donato e Lysias Enio*

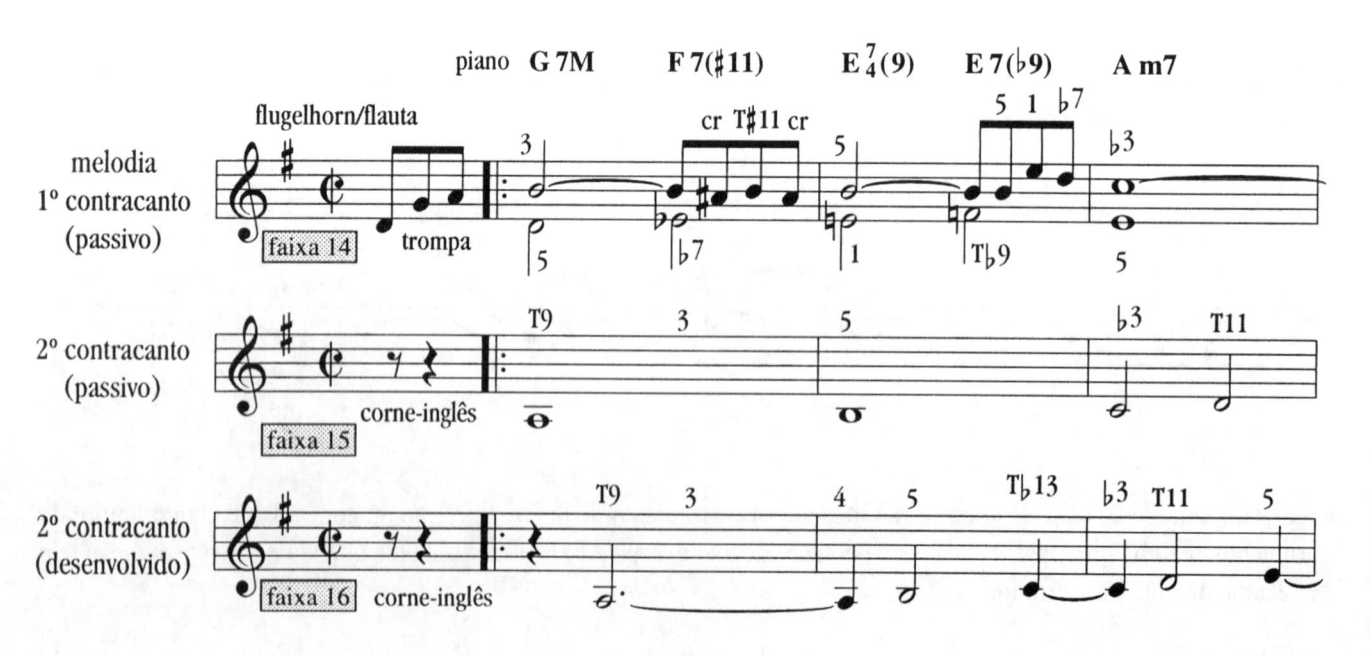

ARRANJO (MÉTODO PRÁTICO)

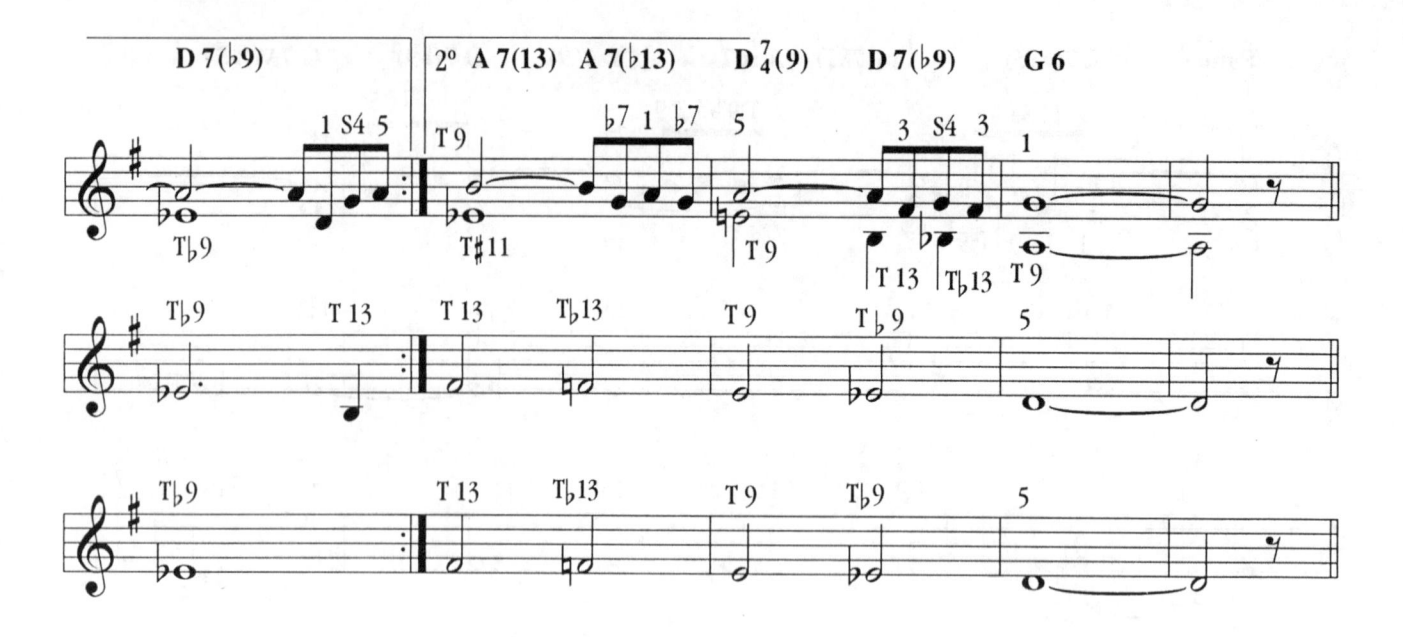

4 Melodia em bloco a dois

- **Melodia em bloco**

Quando dois ou mais instrumentos tocam simultaneamente melodias diferentes em ritmo igual, estão tocando *em bloco*. *Soli* é o termo correspondente universal nas partituras, plural de "solo" em italiano.

- **Em bloco a dois**

Quando dois instrumentos tocam em bloco, a 2ª voz não deixa de ser um contracanto ajustado à 1ª e também à harmonia que a acompanha. A igualdade rítmica faz as duas melodias, de alturas e timbres diferentes, fundirem-se numa nova textura mais ampla do que a simples melodia acompanhada. A técnica em bloco a dois, embora possa ser usada "a capela" (sem acompanhamento harmônico-rítmico), normalmente prevê o acompanhamento, como acontece em arranjos para conjuntos ou orquestras.

- **Ao compor a 2ª voz**

enfrenta-se a tarefa de criar um canto bonito e melodioso que, além de soar bem com a 1ª voz, se ajuste à harmonia original e, de preferência, inclua notas que formem intervalos ricos com os baixos dos acordes (notas de tensão ou notas características dos acordes). Esses objetivos sugerem um processo criativo em que a inspiração e o raciocínio agem simultaneamente, visando a produzir riqueza melódica e harmônica.

- **Pontos harmônicos e pontos de linha**

Nos *pontos harmônicos* (PH) a consideração *vertical* terá prioridade; nestes pontos, haverá interesse em riqueza (ou clareza) harmônica: dada a nota melódica e a nota do baixo do acorde, escolhe-se a nota da 2ª voz de modo a complementar o som do acorde, ou seja, caracterizá-lo ou enriquecê-lo. Os PHs serão verdadeiros "pilares", ligados por "pontes" melódicas onde cada uma das notas é chamada *ponto de linha* (PL), com a prioridade evidente da condução *horizontal* (melódica). De um modo geral, onde a 1ª voz usar notas de aproximação (notas diatônicas ou cromáticas fora do som do acorde ou de tensão), a 2ª voz também usará notas de aproximação, obviamente em PLs. As notas importantes "de chegada" também irão coincidir nas duas vozes, provavelmente localizadas em PHs de maior ou menor impacto.

Ao criar a 2ª voz, é útil a escolha preliminar de notas melódicas importantes na 1ª voz para estabelecer os PHs, com pelo menos uma das seguintes características:

1 duração longa (um tempo ou mais)
2 localização em tempo forte
3 atacada na mudança do acorde
4 seguida por salto ou pausa

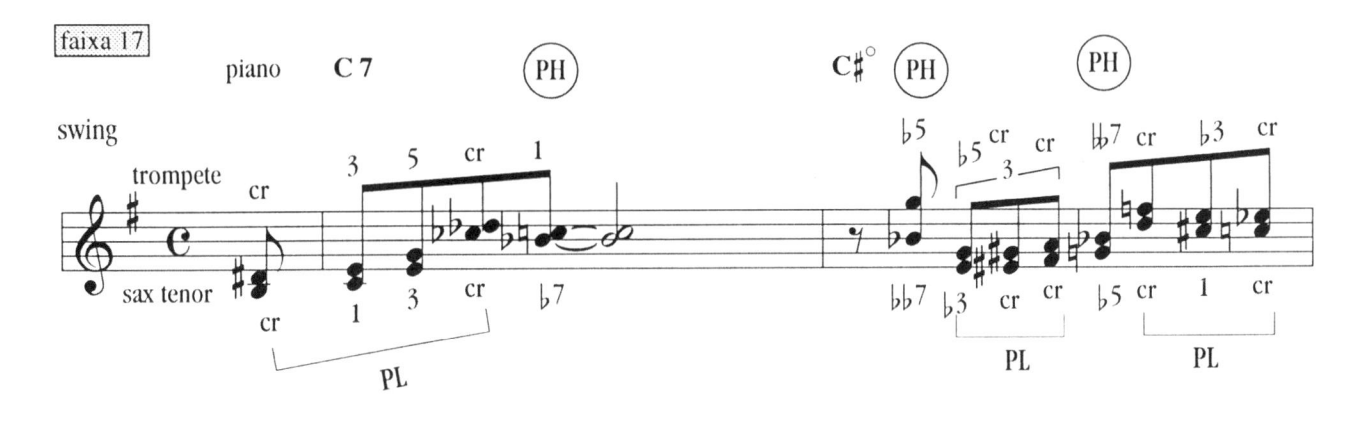

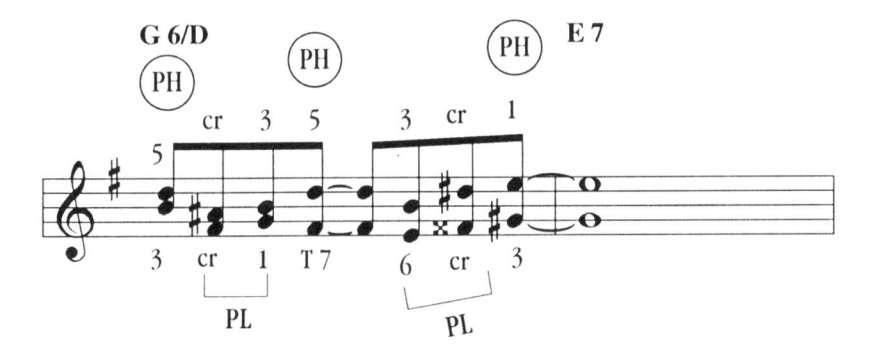

- Movimento relativo das vozes

No exemplo acima, as duas vozes executam movimentos paralelos o tempo todo, exceto entre a 3ª e 4ª notas do 3º compasso, onde se movimentam em sentido contrário. O movimento relativo das vozes pode ser:

1 paralelo (sentido igual: ascendente ou descendente)
2 contrário (sentido oposto: convergente ou divergente)
3 oblíquo (nota repetida numa voz, movimento em outra)

Numa textura de bloco a dois, as duas vozes normalmente não ultrapassam a distância de uma oitava, com eventuais incursões na 2ª oitava.

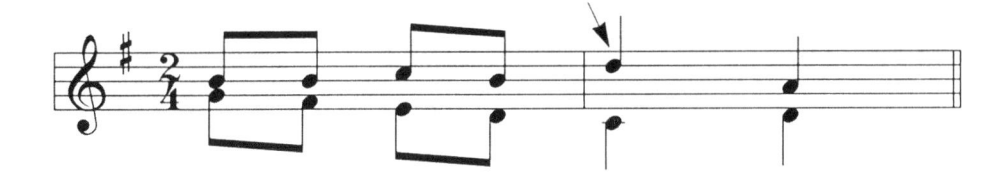

A distância de semitom é evitada por prejudicar a nitidez da linha melódica.

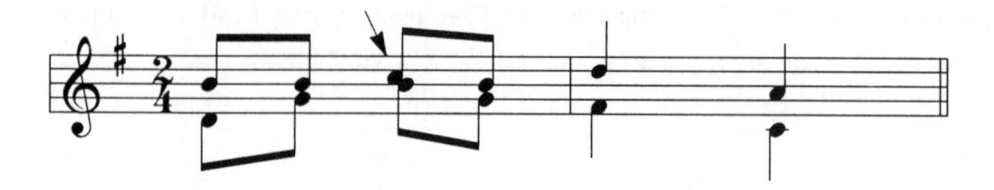

Os três tipos de movimento relativo se encontram mesclados, sendo bastante evitada a repetição de notas em ambas as vozes, principalmente em PLs.

O *paralelismo completo* (uso consecutivo do mesmo intervalo durante um trecho maior) pode dominar certas passagens, o que irá certamente ressaltar a linha melódica, em prejuízo da riqueza harmônica e intervalar, que deixa de ser percebida como tal, pois o ouvido se acostuma com a relação intervalar persistente.

Entre todos os intervalos, o uso paralelo de oitavas e quintas resulta na maior pobreza harmônica, já que a nota inferior inclui a superior em sua emissão por se tratar de nota fortemente presente na série harmônica.

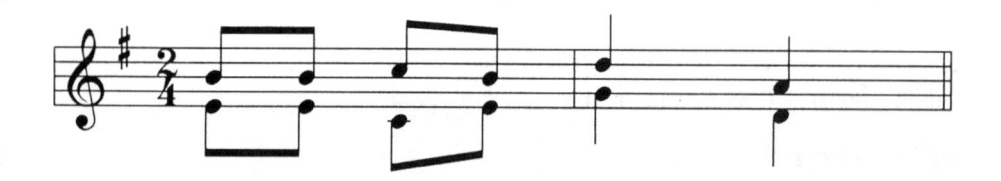

A 2ª voz pode eventualmente soar acima da 1ª voz, mas o cruzamento é evitado porque encobre a idéia melódica principal.

Paralelismo

O paralelismo em 3as é o mais comum, pois as duas melodias conduzidas em 3as paralelas conciliam mais facilmente a mesma harmonia, já que a harmonia também tem a estrutura de 3as superpostas:

Peixe vivo [faixa 18]

Henrique Almeida e Rômulo Paes

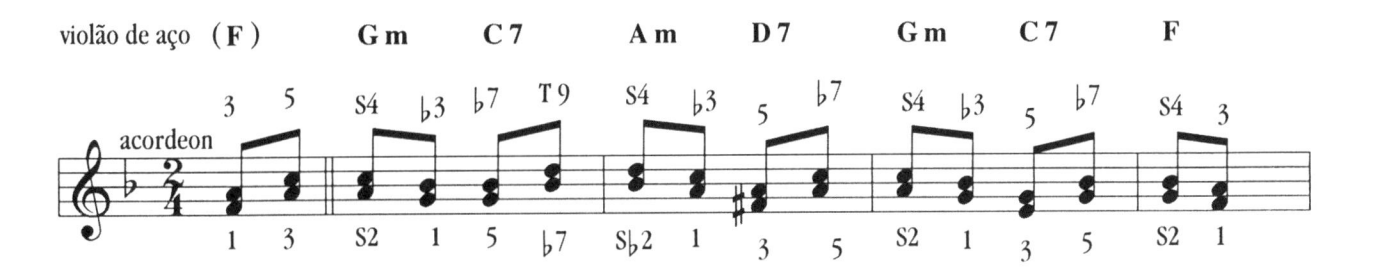

O paralelismo em 3as combinado com 6as. O uso exclusivo das 3as paralelas freqüentemente resulta em notas indesejáveis na 2ª voz (como às vezes acontece com música sertaneja improvisada).

Vejamos:

Sapo-jururu

João Walter Pinta

6ª do acorde é indesejável devido ao estilo   13ª do acorde é indesejável devido ao estilo

A substituição de 3as paralelas por 6as paralelas pode eliminar as notas indesejáveis, mas produzirá outras indesejáveis:

T 7M

T 9   S4

notas indesejáveis dentro do estilo da harmonização simples

A alternância de 3as com 6as pode resolver o problema das notas indesejáveis numa linguagem simples e diminuir a monotonia da mesmice dos intervalos:

o arpejo do acorde G7 pela 2ª voz
quebra a seqüência de 3as e 6as

Finalmente, a introdução de algumas passagens em movimento contrário e oblíquo dá mais sentido melódico à 2ª voz e mais variedade ao trabalho em bloco:

faixa 19

Exercício 60 Faça a análise melódica da 1ª e da 2ª voz:

Flor do abacate   faixa 20   *Álvaro Sandin*

4ᵃˢ e 5ᵃˢ *paralelas* emprestam um som exótico ou suspensivo à linguagem de jazz e rock em particular, mas as *4ᵃˢ paralelas* também marcam a introdução instrumental de *Samba do avião* (Tom Jobim):

(não há harmonização)

faixa 21

As 5ᵃˢ paralelas, com pouco envolvimento com a harmonia, se destinam a engrossar o timbre.

A morte de um deus de sal   *Roberto Menescal e Ronaldo Bôscoli*

faixa 22

Essa passagem poderia ser tocada por uma guitarra em cordas duplas, ou guitarra e contrabaixo, ou teclado, ou sax barítono e trombone, por exemplo.

2ªˢ e 7ªˢ paralelas são os mais dissonantes. Em *Surfboard*, Tom Jobim usa 2ªˢ e 3ªˢ para manter as vozes próximas, acomodando o intervalo ao som do acorde desejado:

[faixa 23]

*(♭5♯) = ♭5 e ♯5 simultâneos

- **A mistura do paralelismo com os movimentos contrário e oblíquo**

liberta a mente criativa de qualquer vínculo intervalar entre as duas vozes e permite a composição livre de uma segunda voz bonita e funcional, com o único compromisso de manter a identidade do ritmo entre ambas. Os três exemplos a seguir apresentam trabalhos a duas vozes em bloco, em músicas de gêneros bem diferentes: um country norte-americano, um frevo brasileiro e um jazz tradicional com muita atividade harmônica e dissonância, respectivamente.

- Exemplos

Nº1

The boxer faixa 24 *Paul Simon*

Nº2

Vassourinhas faixa 25 *Mathias da Rocha e Joana Batista Ramos*

frevo

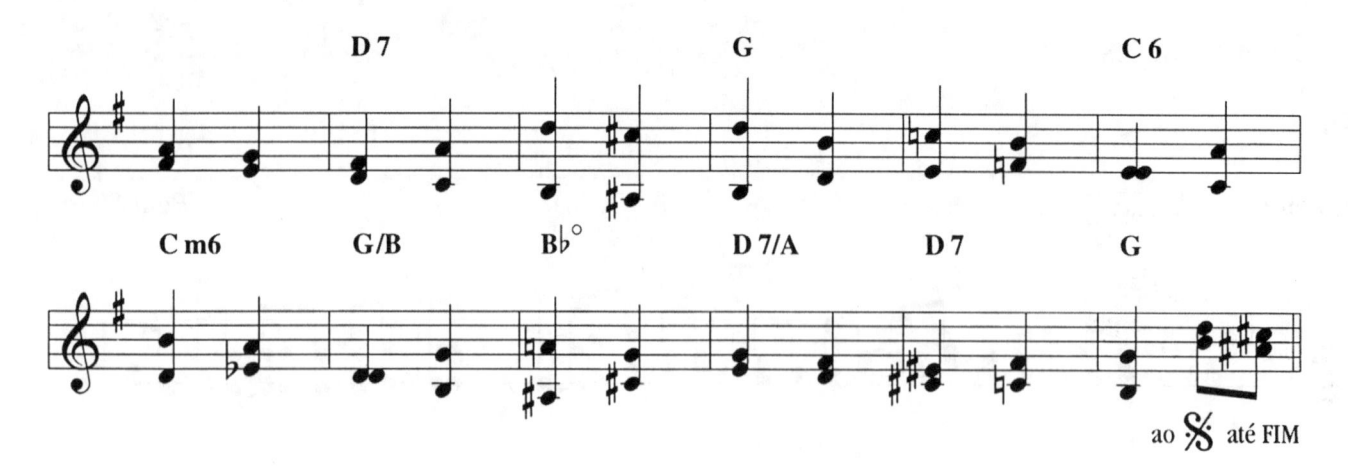

Nº3

Exercício 61 Faça a análise melódica completa das duas vozes:

Prelude to a kiss faixa 26 *Irving Gordon, Irving Mills e Duke Ellington*

D ◆ PLANEJAMENTO E ELABORAÇÃO DO ARRANJO

1 Planejamento

Reunindo os recursos já aprendidos – seção rítmico-harmônica, a melodia e sua ativação rítmica, o contracanto e o bloco a dois –, você já tem os elementos suficientes para fazer um arranjo numa linguagem versátil. Antes da elaboração, é necessário refletir sobre o seu propósito, os recursos disponíveis e as características gerais.

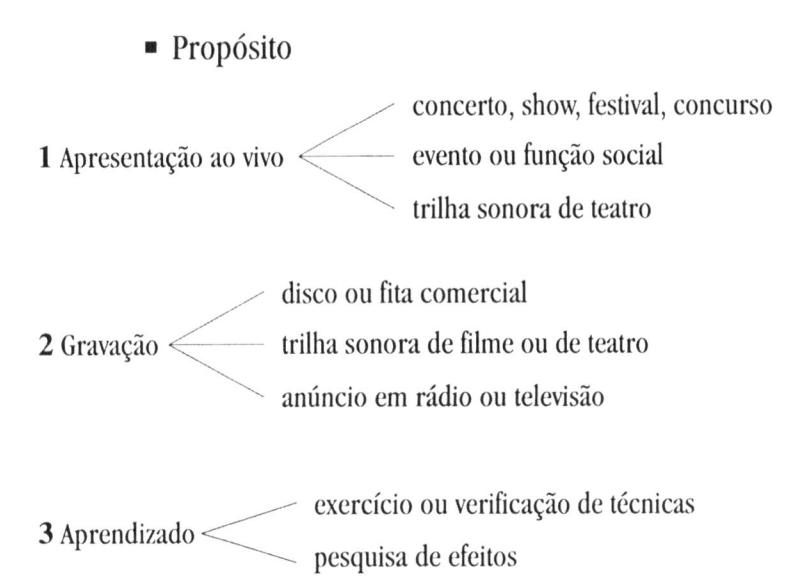

- **Propósito**

1 Apresentação ao vivo
- concerto, show, festival, concurso
- evento ou função social
- trilha sonora de teatro

2 Gravação
- disco ou fita comercial
- trilha sonora de filme ou de teatro
- anúncio em rádio ou televisão

3 Aprendizado
- exercício ou verificação de técnicas
- pesquisa de efeitos

- **Recursos**

1 *A música escolhida:* uma vez definido o propósito, escolha uma música boa e gratificante não só para o seu talento criativo, mas também para as condições e o público disponíveis. Tenha em mente que na vida profissional a escolha poderá não ser sua, e sendo a música pobre ou de qualidade e acabamento duvidosos ou mesmo execráveis, você terá que se extrapolar para "salvá-la" ou torná-la apresentável. Poupe-se, por enquanto, dessa tarefa.

2 *Os instrumentos participantes:* dependerá de critério artístico, proposta comercial e viabilidade financeira.

3 *Os músicos participantes:* ao fazer o arranjo, dimensione seu nível de execução aos músicos disponíveis: serão pessoas com alta eficiência profissional, com técnica, sonoridade e leitura satisfatórias ou talvez de leitura fraca porém de boa improvisação e memorização? Além do nível apropriado da execução, a própria notação deve visar ao músico disponível.

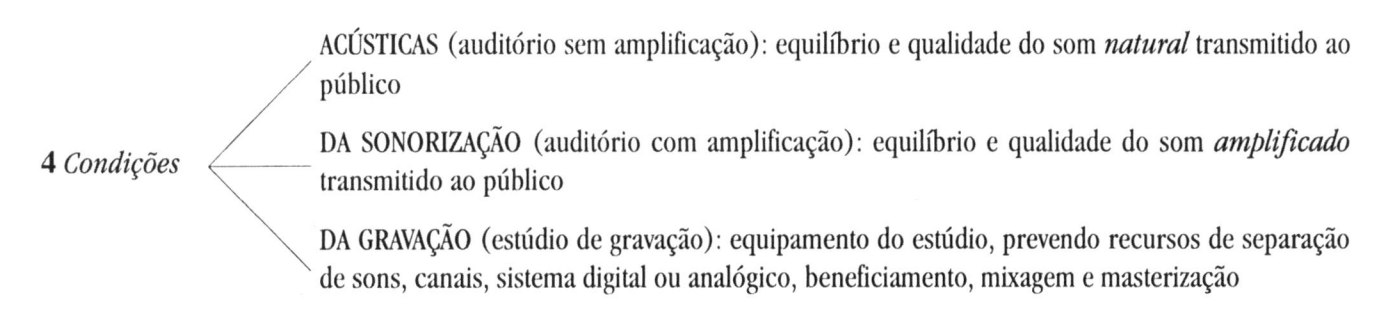

4 *Condições*
- ACÚSTICAS (auditório sem amplificação): equilíbrio e qualidade do som *natural* transmitido ao público
- DA SONORIZAÇÃO (auditório com amplificação): equilíbrio e qualidade do som *amplificado* transmitido ao público
- DA GRAVAÇÃO (estúdio de gravação): equipamento do estúdio, prevendo recursos de separação de sons, canais, sistema digital ou analógico, beneficiamento, mixagem e masterização

■ Características

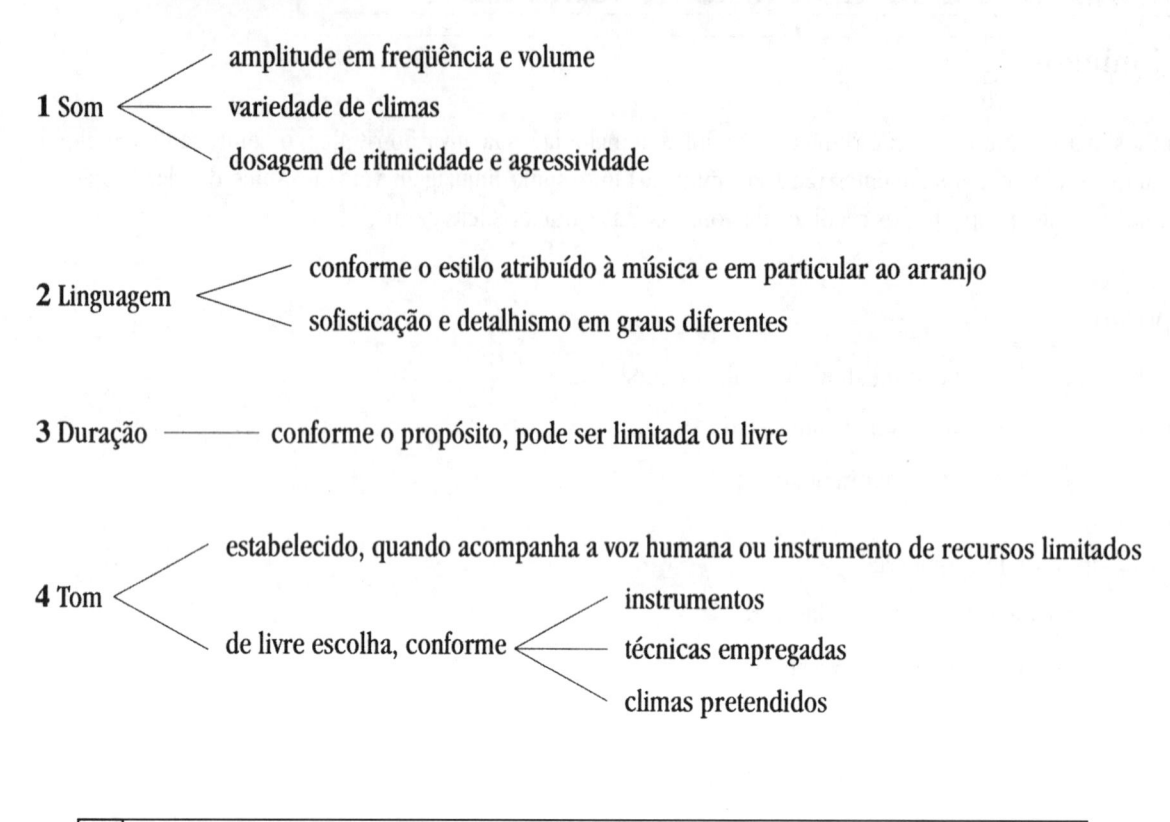

1 Som
- amplitude em freqüência e volume
- variedade de climas
- dosagem de ritmicidade e agressividade

2 Linguagem
- conforme o estilo atribuído à música e em particular ao arranjo
- sofisticação e detalhismo em graus diferentes

3 Duração —— conforme o propósito, pode ser limitada ou livre

4 Tom
- estabelecido, quando acompanha a voz humana ou instrumento de recursos limitados
- de livre escolha, conforme
  - instrumentos
  - técnicas empregadas
  - climas pretendidos

2 Elaboração

Ao fazer o arranjo, siga o seguinte programa de trabalho:

1 Escolha a *música*

2 Decida pelos *instrumentos*

3 Decida *quantas vezes* a música será tocada no decorrer do arranjo, prevendo uma eventual introdução, um final e um interlúdio (controle com cronômetro, se necessário).

4 Arrisque prever o tom do arranjo, incluindo as modulações eventuais. Ao surgir problema de extensão e registro para os instrumentos, provavelmente terá que mudar o tom previsto. Qualquer diferença mínima, até meio-tom, afetará bastante a execução e a qualidade do som. Ao lidar com instrumentos de bocal ou palheta, prefira os tons com armadura de até 2♯ ou 4♭, assim não haverá acidentes demais, mesmo depois da transposição. O ideal é trabalhar entre 1♯ e 3♭ na armadura (som de efeito).

5 Ao prever o tom, lembre-se de que uma extensão ou registro inconveniente (grave ou agudo demais) pode ser *corrigido* de quatro maneiras:

— mudar o tom
— mudar a técnica empregada
— mudar o instrumento
— variar a oitava entre as frases

Não hesite em apagar tudo e recomeçar; comodismo e inércia não são próprios de um arranjador.

6 Faça o *plano do arranjo* conforme ilustração abaixo, definindo o que vai acontecer cada vez que a música for tocada: em cada parte ou trecho resultado da subdivisão da música, na introdução, no final, nos eventuais interlúdios (elementos de ligação entre as repetições da música). Antes de elaborar o arranjo, é importantíssimo ter uma visão do *todo*.

7 As *letras* e *números de ensaio* servem como pontos de referência durante o ensaio ou no ato de confecção do arranjo. Use a letra **I** na introdução, a letra **F** no final e as letras **A B C** etc., respectivamente, cada vez que a música for repetida. Use números dentro de cada unidade marcada por letras (por exemplo, o compasso **B6** é o 6º compasso quando a música é tocada pela 2ª vez).

Exemplo

Batida diferente   *Mauricio Einhorn e Durval Ferreira*

INSTRUMENTOS: trombone B♭, sax alto E♭, piano, guitarra, baixo e bateria
DIMENSÃO: tocada 3 vezes, com introdução e final
TOM: Si♭ maior, modulando para dó maior, na 3ª vez

CARTILHA DO PLANO:

(introdução) I1   célula 2 comp, 3 vezes + ponte ➤ bloco trp - alto
(tema 1ª vez) A1   uníssono trp - alto
              A9   bloco trp - alto
              A17   melodia guit, contracanto uníssono trp - alto
              A25   como A9
(tema 2ª vez) B1   improviso guit
              B9   idem
              B17   improviso piano, contracanto passivo, bloco alto - trp
              B25   idem
(tema 3ª vez) C1 ⎫
              C9   ⎬ como tema 1ª vez, mas em dó maior
              C17 ⎬
              C25 ⎭
(final)   F1   célula 2 comp, 3 vezes + fim ➤ bloco trp - alto

8 Agora, e somente agora, pegue um bom papel pautado e *escreva a melodia do arranjo inteiro*, por extenso (dispensando sinais de repetições), incluindo a introdução, o tema (na 1ª e 3ª vezes e as cifras para o improviso na 2ª vez) e o final. Ao anotar a melodia, cuide de sua divisão rítmica, imaginando a levada e o clima. A seguir, escreva as cifras com a devida revisão e adaptação. Finalmente, execute os contracantos, técnicas em bloco e convenções.

3 Arranjo elaborado

Batida diferente faixa 27

Mauricio Einhorn e Durval Ferreira

* nas partes dos instrumentos, as notas e cifras devem ser escritas por extenso.

como comp. A4 - A8 (um tom ↑)   como comp. A9 - A16 (um tom ↑)   como comp. A17 - A24 (um tom ↑)

ARRANJO (MÉTODO PRÁTICO)

4 | Comentários

- **Alguns conselhos práticos à elaboração gráfica**

– Use papel pautado de boa qualidade, de 12 linhas de pauta, pelo menos, não passando do tamanho ofício (próprio para xerox). Só use um lado da folha.

– Use lápis macio, entre números 2B e 6B, ou lapiseira de ponta B a 2B, de 0,9mm de espessura e borracha branca macia, tanto na partitura como nas partes, permitindo as cópias xerox em máquina boa.

– Quem possuir um computador, deve reservar o seu uso para o acabamento e cópias do arranjo. O processo criativo, artesanal e imprevisível, se apóia nas ferramentas lápis-borracha sobre o papel, tão maleáveis e vulneráveis quanto a própria inspiração. Este livro, por exemplo, foi criado no lápis e "passado a limpo" (implicando em correções infindáveis) no computador.

– Ao fazer o arranjo, não pense em transposição dos instrumentos, deixando essa tarefa para o momento da cópia das partes.

– Ao fazer o arranjo, não use sinais de repetição nem mesmo em trechos repetidos; escreva-os por extenso, pois poderá ocorrer alguma idéia nova em qualquer ponto do arranjo. Só use sinais de repetição onde houver a certeza da identidade entre dois trechos.

– Não pré-desenhe as barras de compasso, pois a boa notação varia o tamanho dos compassos conforme o seu conteúdo gráfico.

– À medida que avançar na partitura e nas partes, use as letras (e números) de ensaio para fácil identificação dos trechos. Ao fazer as partes, só use sinais de repetição quando estes ocorrerem na partitura. A montagem das repetições e voltas, as sinalizações e as letras de ensaio, devem ser idênticas entre a partitura e as partes.

– A notação da partitura deve ser a mais simples, clara e sintética possível, não deixando de fornecer todos os detalhes necessários para a cópia posterior das partes e para a regência.

– Só use o número mínimo necessário de linhas (pautas), mas permita bastante espaço para a cifragem, convenções rítmicas e observações. Nas formações já aprendidas, um "sistema de 11 linhas" (uma pauta em 𝄞 e outra em 𝄢) será suficiente, ou uma pauta única para a melodia. Entretanto, deixe uma ou duas linhas vazias para o resto das notações, idéias imprevistas e uma boa separação visual.

– Acostume-se com a memorização das extensões *reais* de cada instrumento e *não* as transpostas, exceto nos saxofones onde a identidade das extensões escritas (transpostas) facilita a tarefa.

- **Observe, durante a elaboração do arranjo**

– Procure variar timbres e técnicas.

– Procure dar descansos a cada um dos instrumentos.

– Decida pela introdução, final e interlúdios por último.

– Após anotar a melodia cifrada (deixando espaço para a introdução, final e interlúdios) em toda a extensão do arranjo, elabore as técnicas e os detalhes em cada trecho na ordem em que as idéias surgem, e não na ordem cronológica, mesmo com o plano já estabelecido.

– Ao surgir dúvida quanto ao uníssono ou bloco, prefira o uníssono. Na dúvida quanto à técnica a ser empregada, decida pela mais simples.

– Não se acomode: esteja preparado para corrigir, alterar ou reescrever um trecho com vistas a melhorá-lo, até mesmo transpor a música para um outro tom.

– Não dê somente oito compassos de improviso a um instrumento determinado, permitindo o tempo para o músico desenvolver suas idéias.

– Apresente os elementos sonoros e as técnicas em ordem crescente de efeitos, terminando o arranjo em seu auge ou após um breve declínio.

– O som e os elementos da introdução, final e interlúdios devem obedecer a um plano diferente e até contrastante do resto do arranjo.

– Nitidez e boa organização visual da partitura e das partes são indispensáveis para o bom rendimento do ensaio. Boa regência e clareza nas partes dos músicos são a chave para um bom relacionamento e respeito entre os músicos e o regente/arranjador, permitindo libertar a capacidade técnico-musical dos instrumentistas sem o tedioso esforço de "decifrar" uma notação negligente e rasurada.

APÊNDICE

- Resolução dos exercícios

Exercício 1

si2 lá1 si2 lá4 fá3 mi3 fá1 mi4 sol2 si1 ré4 mi5 dó2 si -1 fá3 si4 fá5 mi1 ré2 ré3 fá4 mi2

Exercício 2

a. uma oitava

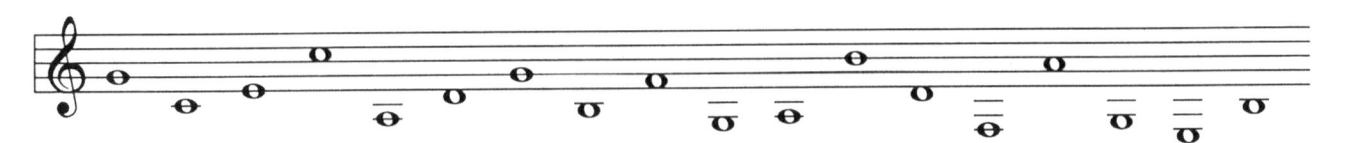

b. duas oitavas

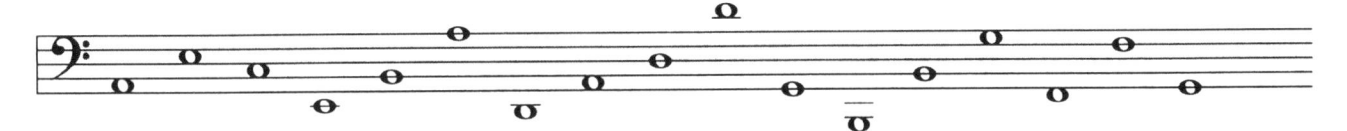

c. uníssono

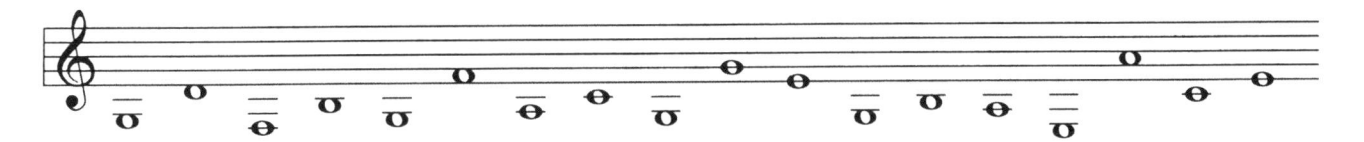

d. três oitavas

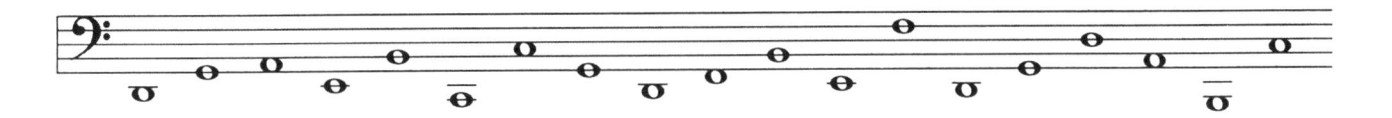

Exercício 3

1 1 ½ ½ 1 1 1 1 ½ ½

Exercício 4

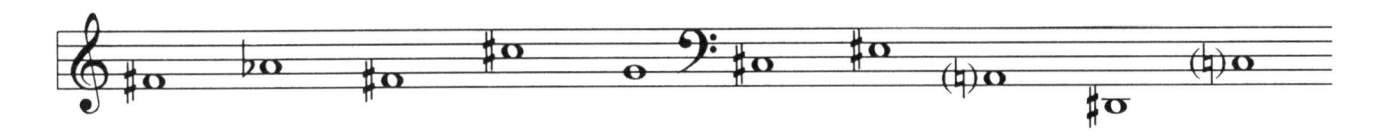

Exercício 5

Exercício 6

Exercício 7

Exercício 8

Exercício 9

Exercício 10

3m 2m 2m 2M 2m 3M 4J 5J 3M 5J 4J 5dim 2aum 6M 6m 7M 4aum 7M 7m 7M 6M
4aum 5aum 7dim

Exercício 11

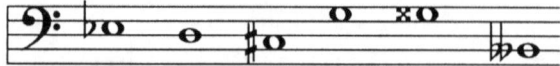

Exercício 12

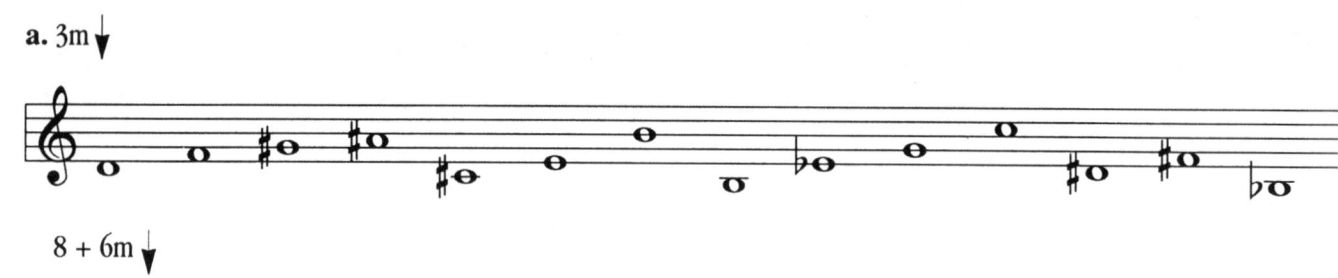

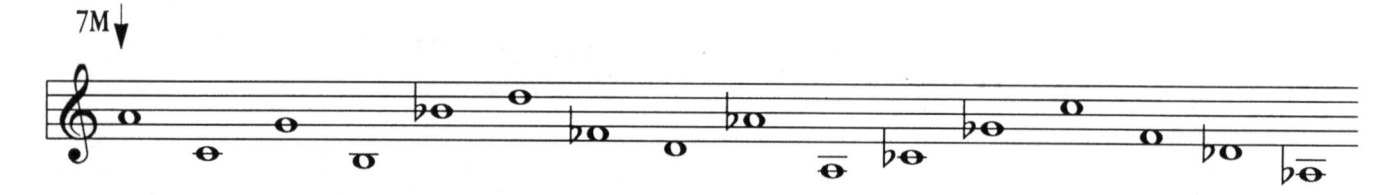

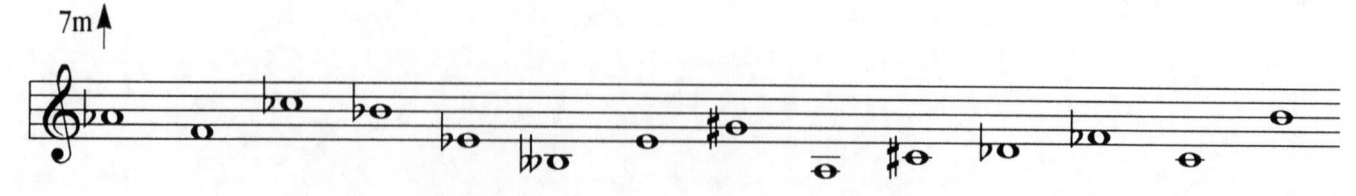

a. 3m ↓

8 + 6m ↓

b. 8 + 8 + 4aum ↓

7M ↓

c. 8 + 5J ↑

7m ↑

Exercício 13

Exercício 14

dó   mi   ré   si♭   si   ré♯

Exercício 15

a. coluna 3
b. coluna 3
c. coluna 5
d. coluna 5
e. coluna 4
f. coluna 2
g. coluna 1
h. coluna 2

Exercício 16

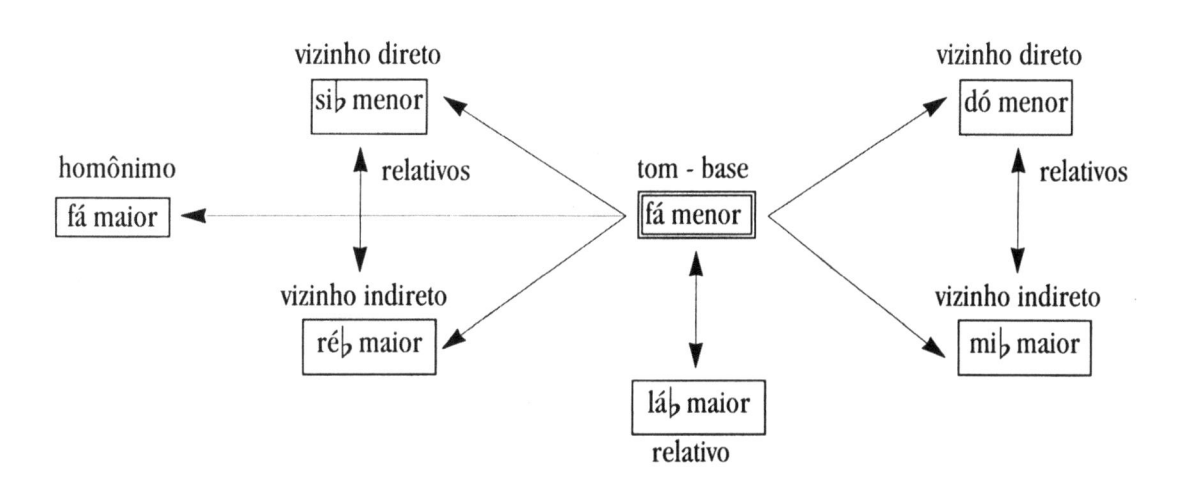

```
                    vizinho direto                              vizinho direto
                    [si♭ menor]                                 [dó menor]
                         ↑ relativos                                 ↑ relativos
homônimo                           tom - base
[fá maior] ←                        [[fá menor]]
                         ↓                                            ↓
                    vizinho indireto                            vizinho indireto
                    [ré♭ maior]                                 [mi♭ maior]
                                    ↕
                                [lá♭ maior]
                                 relativo
```

Exercício 17

a.

b.

c. 1♯   **d.** fá   **e.** lá   **f.** 1 - 2 - 3

Exercício 18

a.

b.

c.

d.

Exercício 19

a. Am   Fm   E+   B   G♯°   B♭m   G♭+

b.

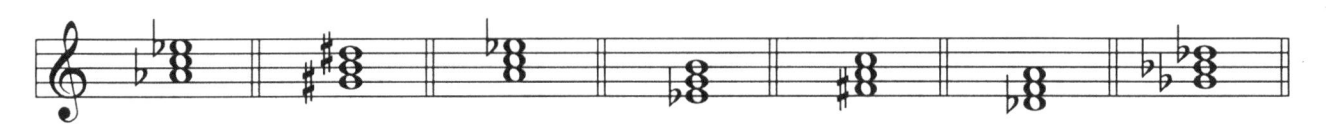

Exercício 20

a. Fm7   G7M   E♭7(♯5)   A♯°   D♭7M(♯5)   G♯m7(♭5)   A♭7M(♯5)   C♯m(7M)

   E7   B♭7(♯5)   G7(♭5)   F♯7M   G♭7M(♯5)   D♯m7(♭5)   Am(7M)   B7

b.

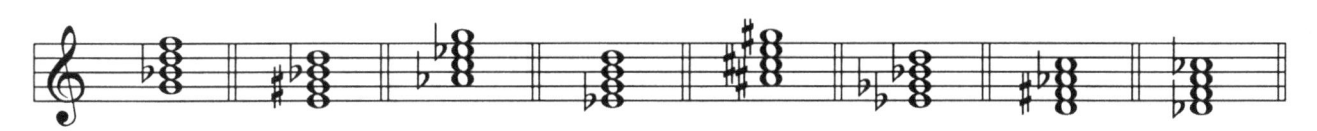

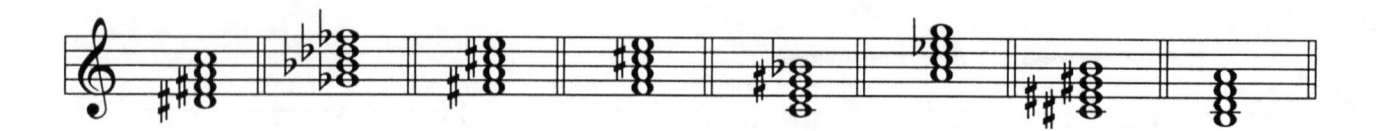

Exercício 21

a. A6   F#m6   Db6   Ab6   Bm6   G#6

b.

Exercício 22

a.

b.

c.

d.

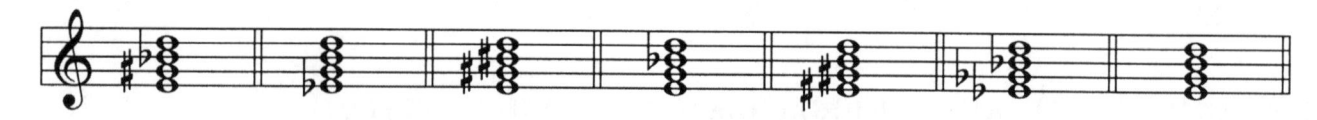

Exercício 23

a.

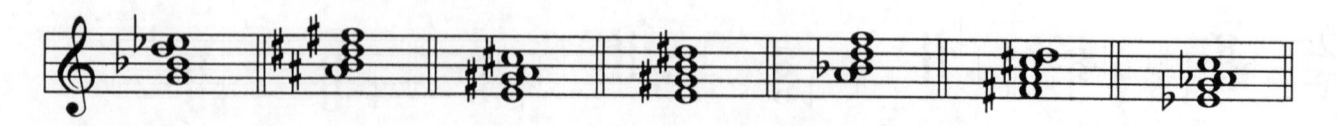

b.

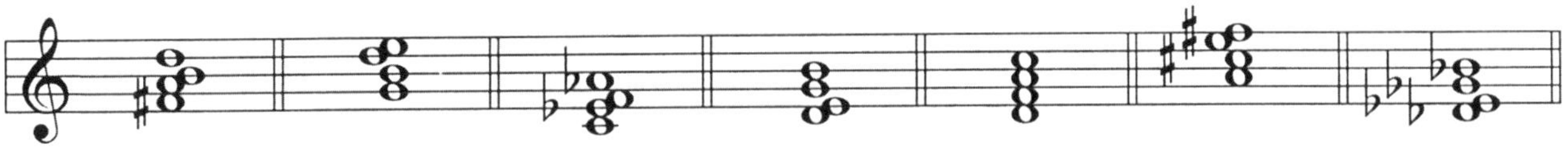

c.

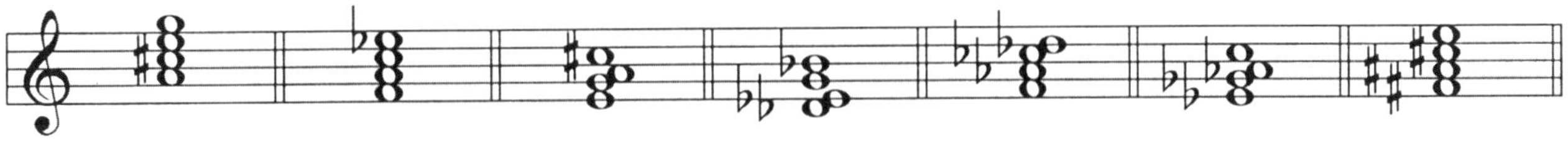

d.

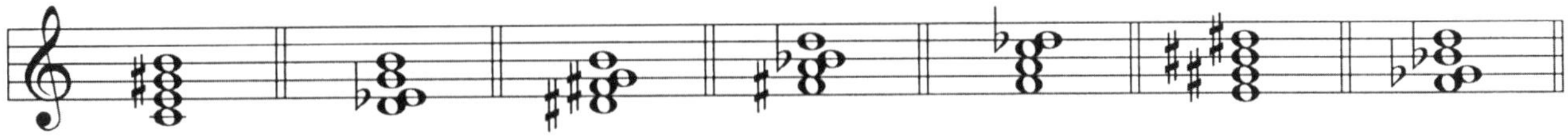

e.

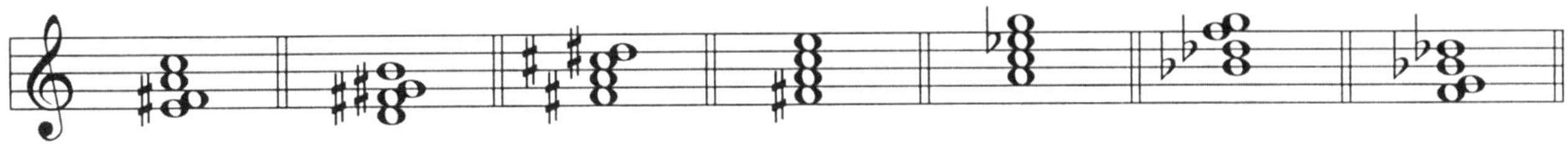

f.

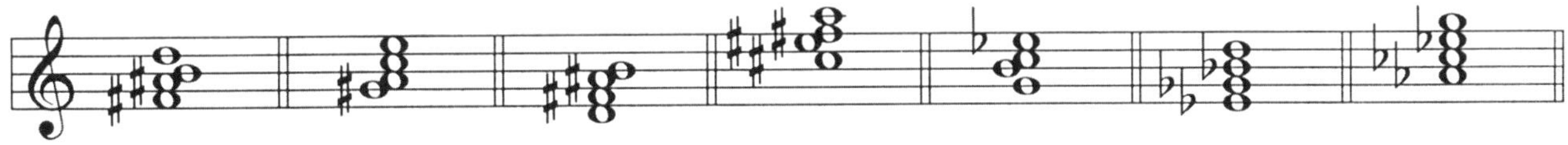

g.

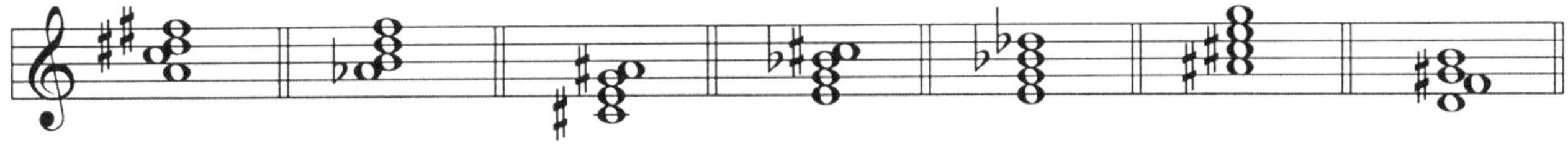

h.

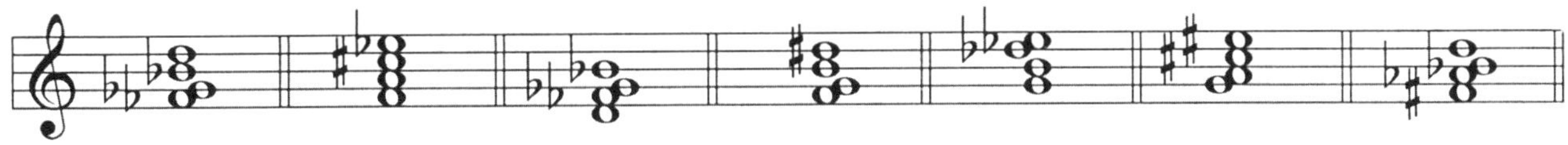

i.

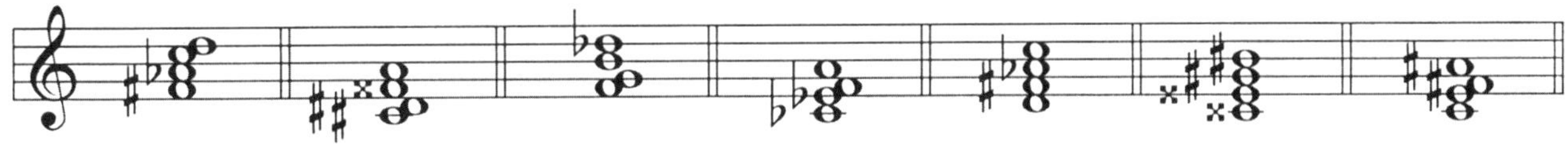

j.

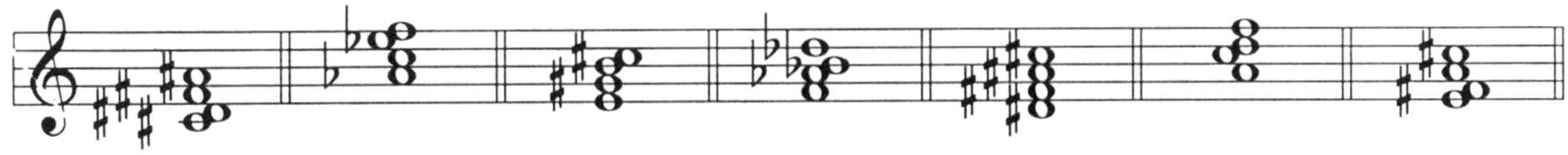

k.

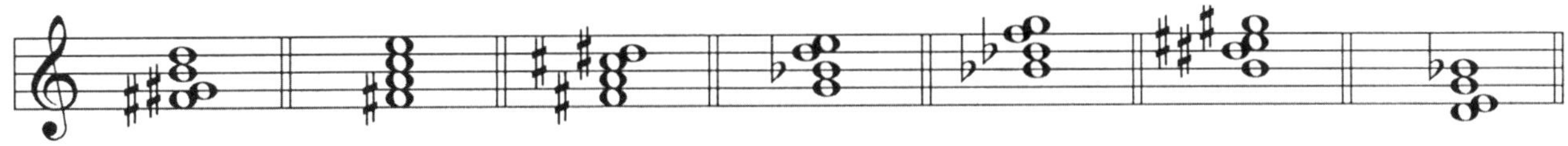

Exercício 24

Exercício 25

localização dos erros

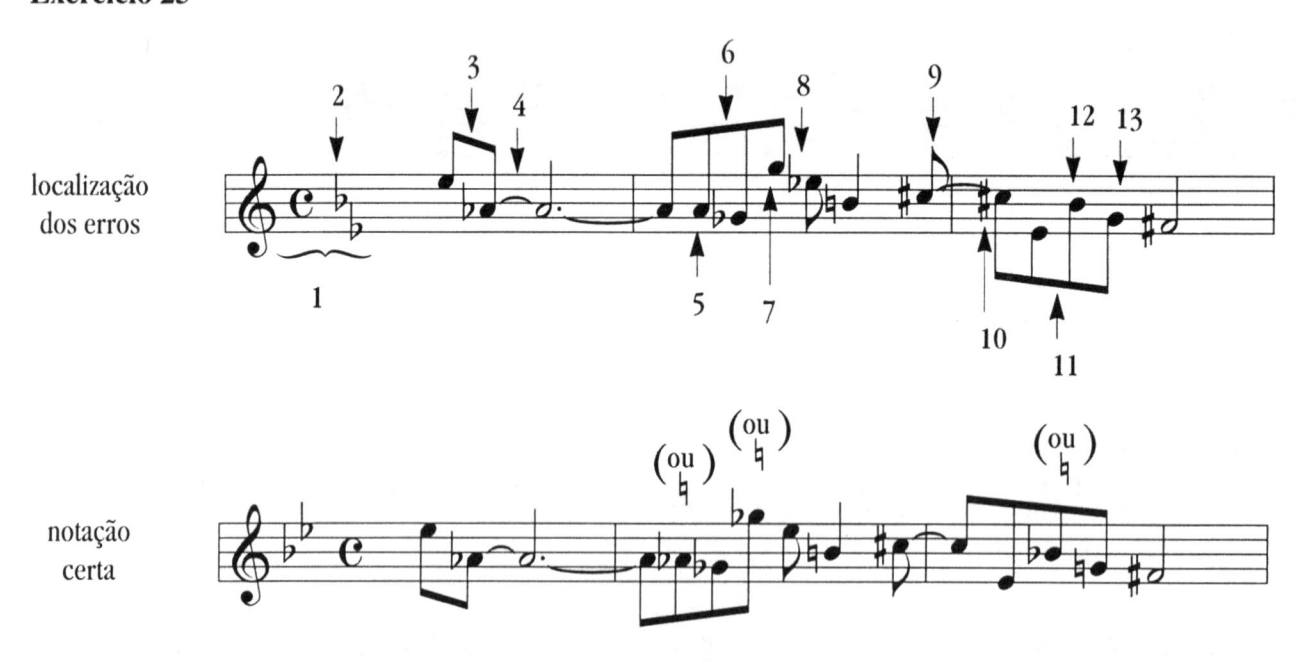

notação certa

O erro nº 4 (ligadura em cima) deixa de ser erro na versão corrigida.

Exercício 26

a.

b.

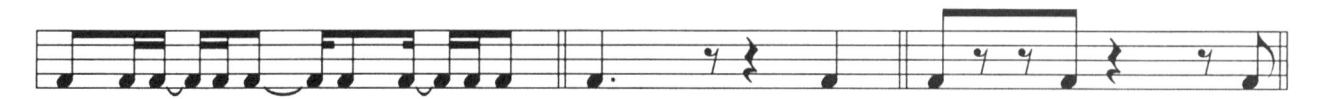

Exercício 27

a. b. c. d.

e. f. g.

h. i. j.

ou ou

k. l. m.

n. o. p.

Exercício 28

Exercício 29

Exercício 30

a. b. c. d. e. f.

g. h. i. j. k. l.

Exercício 31

a. b. c. d. e. f.

g. h. i. j. k. l.

Exercício 32

a. trompa **b.** sax tenor ou clarone **c.** contrabaixo **d.** guitarra ou violão

e. trompete ou clarinete ou sax soprano **f.** sax barítono **g.** sax alto **h.** trombone

Exercício 33

sax tenor

trompa

sax alto

Exercício 34

a. clarone, trombone, trompa, sax barítono, guitarra, violão, baixo
b. flauta, clarinete, trompete, sax soprano, sax alto, guitarra, violão
c. clarone, trombone, trompa, sax tenor, sax barítono, guitarra, violão

Exercício 36

simétricos:	Amazonas	8 8 8 8 A A' B A'	The shadow of your smile	8 8 8 8 A B A' C
	A banda	16 16 16 16 A B B' A	Casinha pequenina	8 8 8 8 A A' B B'
	O barquinho	4 4 4 4 A A' A'' B	Yellow submarine	4 4 4 4 A A B B
	Pai Francisco	4 4 4 4 A B C C	Dom de iludir	4 4 4 4 A B A' C
	Apelo	8 8 8 8 A B A' C		
tamanho desigual:	Saudade da Bahia	16 16 8 8 A A' B B'	Samba de uma nota só	16 8 16 A B A'
	Wave	12 12 8 12 A A B A		
final estendido:	Desafinado	16 16 16 20 A A' B A''		

Exercício 38

Olelê - olalá X Y X' Z ‖ A A

Hino ao amor X Y X Z ‖ A B A B'

Maria Ninguém X Y ‖ A A' A''

Jealousie X X' Y Z ‖ A B A' C

Exercício 55

3   3   11   ♯9   13   7   ♭5

Exercício 56

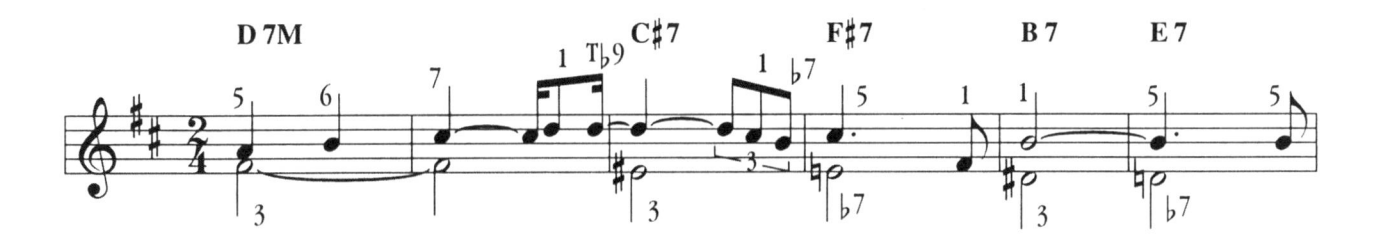

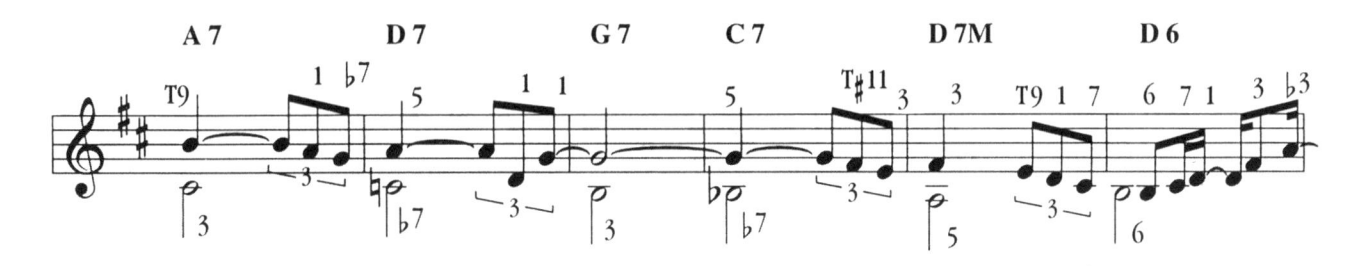

Exercício 57

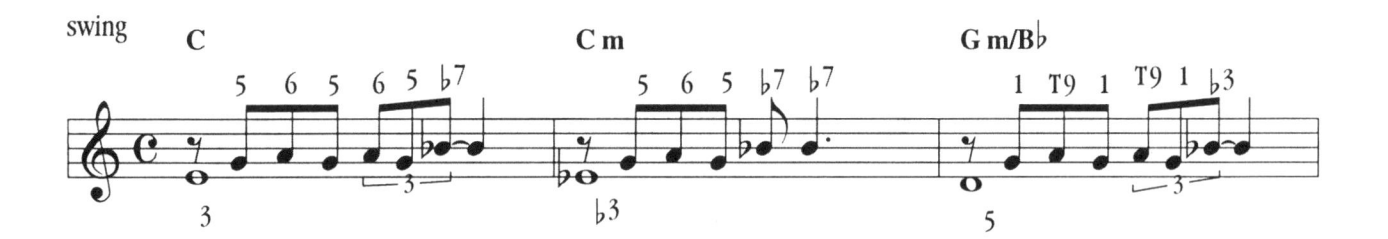

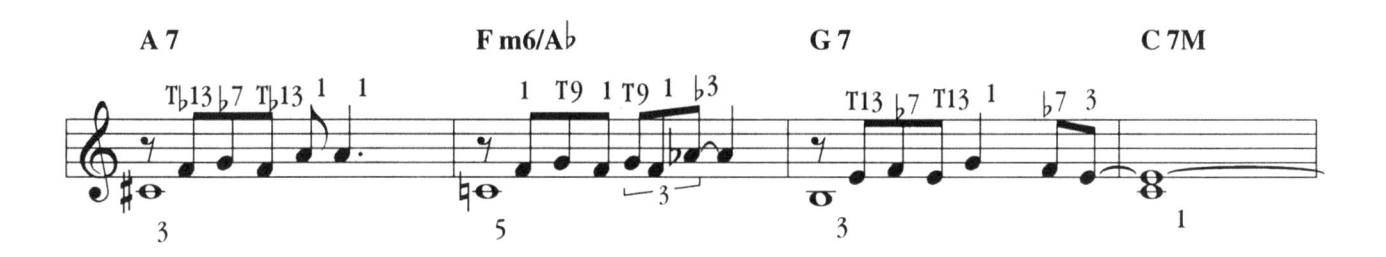

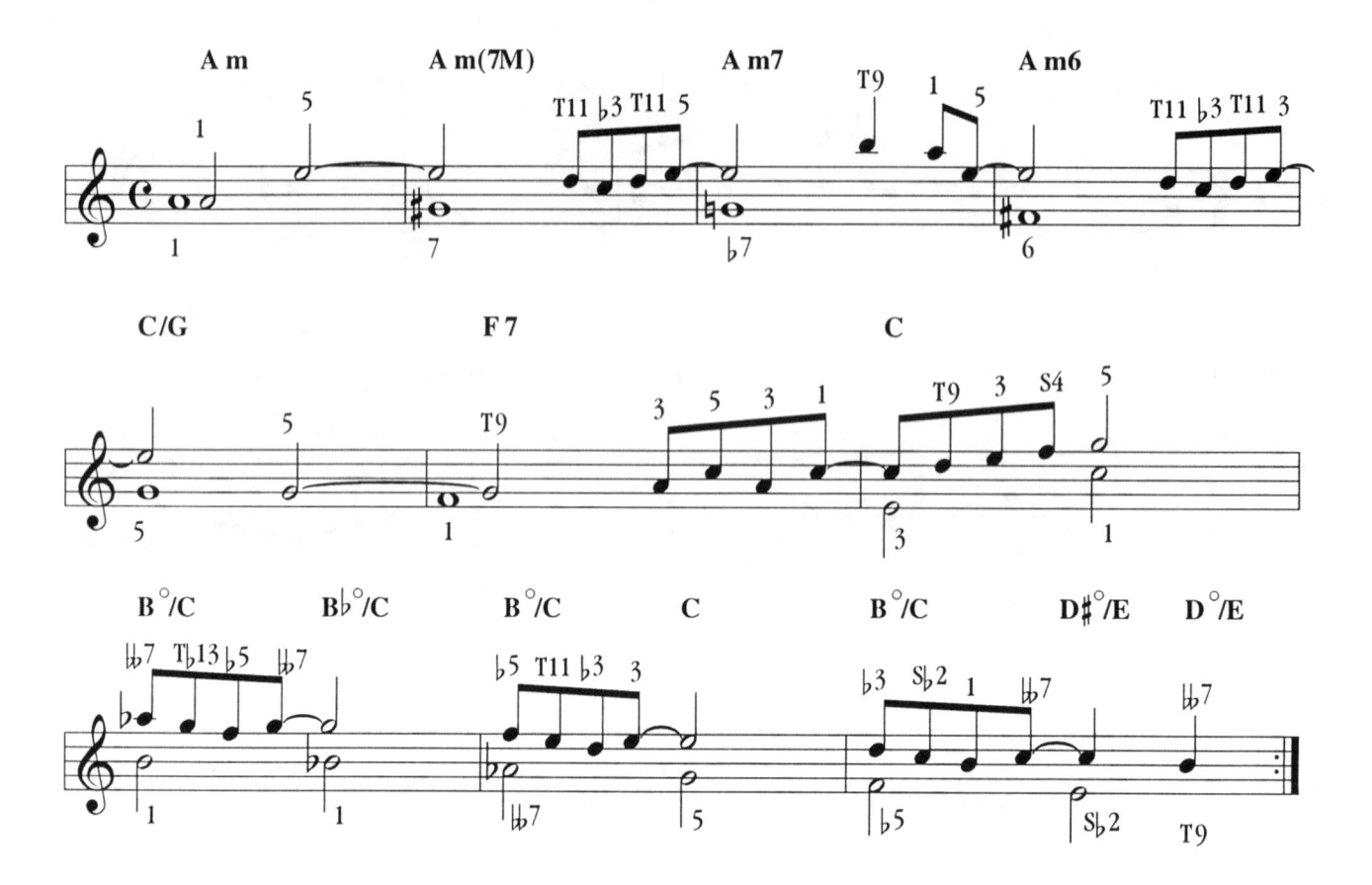

Exercício 58

Exercício 60

ARRANJO (MÉTODO PRÁTICO)

Exercício 61

Bibliografia

Casella, Alfredo / Mortari, V.: *La Tecnica Dell' Orchestra Contemporanea*
                (Edição Ricordi Milano, 1950)

D' Indy, Vincent: *Cours de Composition Musicale*
            (Durand et C^{ic}, Éditeurs, 1950)

Pease, Ted: *Workbooks for Arranging*
          (Edition Berklee College of Music)

Rocca, Edgard Nunes ("Bituca"): *Ritmos Brasileiros e seus Instrumentos de Percussão*
                (Edição Escola Brasileira de Música)

Agradecimentos

Obrigado a vocês, Celinha Vaz, Dori Caymmi, Fernando Ariani, Flávio Paiva, Júlio César P. de Oliveira, Lucas Raposo, Nerval M. Gonçalves, Ricardo Gilly, Roberto Rutigliano, profª Soloméa Gandelman, por todo o apoio prestado para a realização deste trabalho. Obrigado aos professores que mais me ensinaram: Alex Ulanowsky, Dean Earl, Greg Hopkins, Herb Pomeroy, Henrique Morelenbaum, José Siqueira, Michael Gibbs, Rezsö Sugár, Tony Teixeira. Obrigado a George Geszti, professor e meu pai, que fez da música uma de minhas melhores brincadeiras de adolescente.

FAIXAS DOS ÁUDIOS - *Link disponível na página 10*

faixa 1	Notação para bateria	*80*
faixa 2	Notação de "levada"	*81*
faixa 3 A-H	Pulsação sincopada brasileira	*82*
faixa 4 A-C	Pulsação sincopada cubana	*82*
faixa 5	Pulsação swingada	*83*
faixa 6	Pulsação funkeada	*83*
faixa 7	Notação para piano [*Morning*]	*89*
faixa 8	Contracanto passivo [*E nada mais*]	*106*
faixa 9	Contracanto passivo [*Coisa mais linda*]	*107*
faixa 10	Contracanto passivo [*The man I love*]	*107*
faixa 11	Contracanto passivo [*Blue skies*]	*108*
faixa 12	Contracanto passivo [*Chovendo na roseira*]	*109*
faixa 13	Contracanto ativo [*Andança*]	*110*
faixa 14-16	Desenvolvimento do contracanto [*Até quem sabe*]	*110*
faixa 17	Pontos harmônicos e pontos de linha	*113*
faixa 18	Paralelismo em terças [*Peixe vivo*]	*115*
faixa 19	Movimento misto [*Sapo jururu*]	*116*
faixa 20	Movimento misto [*Flor do abacate*]	*116*
faixa 21	Quartas paralelas [*Samba do avião*]	*117*
faixa 22	Quintas paralelas [*A morte de um deus de sal*]	*117*
faixa 23	Segundas paralelas [*Surfboard*]	*118*
faixa 24	Bloco a dois [*The boxer*]	*119*
faixa 25	Bloco a dois [*Vassourinhas*]	*119*
faixa 26	Bloco a dois [*Prelude to a kiss*]	*120*
faixa 27	Arranjo elaborado [*Batida diferente*]	*124*

Volume I   faixa 01 a faixa 27
Volume II   faixa 28 a faixa 56
Volume III faixa 57 a faixa 77

RELAÇÃO DAS OBRAS MUSICAIS POPULARES INSERIDAS NESTE LIVRO E RESPECTIVOS TITULARES

A morte de um deus de sal
Copyright by Irmãos Vitale S/A

Águas de março
Copyright by Jobim Music Ltda.

Alvorada
Copyright by Casas Edit. Mus. Bras. Reunidas Cembra Ltda.

Andança
Copyright by Paulinho Tapajós, Edmundo Souto e Danilo Caymmi

Até quem sabe
Copyright by Warner/Chappell Edições Musicais Ltda.

Autumn leaves
Copyright by Enoch & Cie Editeurs de Musique S.A.R.L.
Direitos cedidos para o Brasil à Editora e Importadora Musical Fermata do Brasil Ltda.

Batida diferente
Copyright by Casas Edit. Mus. Bras. Reunidas Cembra Ltda.

Blues skies
Copyright by Warner/Chappell Edições Musicais Ltda.

Carinhoso
Copyright by Mangione, Filhos & Cia. Ltda.

Chovendo na roseira
Copyright by Jobim Music Ltda.

Coisa mais linda
Copyright by Carlos Lyra e Tonga Ed. Musical Ltda.

Deep purple
Copyright by EMI Catalogue Partnership Inc.
Direitos cedidos para o Brasil à EMI Songs do Brasil Edições Musicais Ltda.

E nada mais
Copyright by Durval Ferreira e Lula Freire

Este seu olhar
Copyright by Ed. Musical Arapuã Ltda.

Fita amarela
Copyright by Mangione, Filhos & Cia. Ltda.

Flor de abacate
Copyright by Edições Euterpe Ltda.

Foi um rio que passou em minha vida
Copyright by Irmãos Vitale S/A

Hey Jude
Copyright by Northern Songs Ltd / Maclen Music / Atv Music Ltd / EMI April Music Inc. / EMI Balckwood Music Inc.
Direitos cedidos para o Brasil à EMI Songs do Brasil Edições Musicais Ltda.

I'm gettin' sentimental over you
Copyright by EMI Mills Music, Inc. /EMI Copyright Holdings, Inc.
Direitos cedidos para o Brasil à EMI-Odeon F.I.E. Ltda.

In a mellow tone
Copyright by EMI Robbins Music / EMI Catalogue Partnership Inc.
Direitos cedidos para o Brasil à EMI Songs do Brasil Edições Musicais Ltda.

Insensatez
Copyright by Jobim Music Ltda.

Let it be
Copyright by Northern Songs Ltd / Maclen Music / Atv Music Ltd / EMI April Music Inc. / EMI Balckwood Music Inc.
Direitos cedidos para o Brasil à EMI Songs do Brasil Edições Musicais Ltda.

Lullaby of birdland
Copyright by Patricia Music Publishing Corporation
Direitos cedidos para o Brasil à Editora e Importadora Musical Fermata do Brasil Ltda.

O que será
Copyright by Cara Nova Editora Musical Ltda.

Peixe vivo
Copyright by Edições Euterpe Ltda.

Pigmaleão 70
Copyright by Warner/Chappell Edições Musicais Ltda.

Prelude to a kiss
Copyright by EMI Mills Music, Inc. /EMI Copyright Holdings, Inc. / EMI Entertainment World Inc.
Direitos cedidos para o Brasil à EMI-Odeon F.I.E. Ltda.

Retrato em branco e preto
Copyright by Jobim Music e Ed. Musical Arlequim Ltda.

Samba do avião
Copyright by Jobim Music Ltda.

Sapo-jururu
Copyright by Warner/Chappell Edições Musicais Ltda.

Sentimental journey
Copyright by E. H. Morris S.A.
Direitos cedidos para o Brasil à Warner Chappell Edições Musicais Ltda.

Someday my prince will come
Copyright by TCF Music Publishing, Inc. / EMI April Music Inc.
EMI Entertainment World Inc.
Direitos cedidos para o Brasil à EMI Songs do Brasil Edições Musicais Ltda.

Sonho de um carnaval
Copyright by Editora Musical Arlequim Ltda.

Sunny
Copyright by Warner/Chappell Edições Musicais Ltda.

Surfboard
Copyright by Jobim Music Ltda.

The boxer
Copyright by Paul Simon Music
Direitos cedidos para o Brasil à EMI-Odeon F.I.E. Ltda.

The man I love
Copyright by New World Music Company Ltda.
Direitos cedidos para o Brasil à Warner Chappell Edições Musicais Ltda.

The shadow of your smile
Copyright by EMI Miller Music/EMI Catalogue Partnership Inc.
Direitos cedidos à EMI Songs do Brasil Edições Musicais Ltda.

Vassourinhas
Copyright by Irmãos Vitale S/A

Viola enluarada
Copyright by Edições Musicais Tapajós Ltda.